陕北歷史文化名人堂

张喆——绘
刘文海——著

当代中国出版社
Contemporary China Publishing House

图书在版编目(CIP)数据

陕北历史文化名人堂 / 张喆绘 ; 刘文海著 . 北京 : 当代中国出版社 , 2024. 9. — ISBN 978-7-5154-1425-6

Ⅰ. K820.841

中国国家版本馆 CIP 数据核字第 2024GJ8875 号

出 版 人	王　茵
责任编辑	战盈彤
责任校对	康　莹
印刷监制	刘艳平
封面设计	宋　涛
出版发行	当代中国出版社
地　　址	北京市地安门西大街旌勇里 8 号
网　　址	http://www.ddzg.net
邮政编码	100009
编 辑 部	(010)66572154
市 场 部	(010)66572281　66572157
印　　刷	重庆博优印务有限公司
开　　本	787 毫米 × 1092 毫米　1/16
印　　张	11.25 印张　215 千字
版　　次	2024 年 9 月第 1 版
印　　次	2024 年 9 月第 1 次印刷
定　　价	60.00 元

|作者简介|

张喆，男，汉族，1986年10月生，甘肃省天水市人，青年画家，擅长水墨人物肖像绘画。毕业于西安美术学院，获艺术硕士学位，现为西安美术学院教师，当代陕西研究会艺术创作研究中心副主任兼秘书长，陕西国画院青年画院画家，西北大学中国西部书画研究院研究员。代表作品有《晴天暖阳》《陕北娃》《中央红军到达吴起镇》《瞿秋白与鲁迅》等，曾多次举办集体或个人画展。

刘文海，男，汉族，1964年12月生，陕西省榆林市横山区人，1994年获中国社会科学院研究生院科学技术哲学博士学位，曾长期在中央国家机关多个部委工作，现任重庆市地方志办公室主任。专著有《技术的政治价值》（人民出版社1996年版），《发达国家社会保障制度》（时事出版社2001年版），《中国风险投资战略与制度》（与李艺女士合著，中国财政经济出版社2003年版），《完善社会保障体系研究》（地震出版社2006年版）等；并在《中国社会科学》《人民日报》《求是》等学术杂志、报刊等公开发表各类学术论文约200篇，约150万字。曾为多个高校兼职教授（研究员），曾担任多个国家级学会或协会理事、常务理事、副会长等社会兼职。主要学术研究领域有科学技术哲学，就业、社会保障和收入分配，社会事业发展和政府建设，以及陕北历史文化等。

陕北歷史文化名人堂

红春题

陕西省书法家协会主席，中国书法家协会理事、中国书法家协会女书法家委员会副主任，著名书法家、长安大学教授张红春（1966年出生于陕西省延安市，河南省郑州市新密市籍）女士题书名。

陕北歷史文化名人堂

韓亨林題

中央纪委驻司法部纪检组原组长，司法部原党组成员，著名书法家韩亨林（1953年生，陕西省靖边县籍）先生题书名。

陕北曆史文化名人堂

忽培元题

国务院原参事，国务院研究室原司长，著名作家、书法家忽培元（1955 年出生于陕西省延安市，陕西省大荔县籍）先生题书名。

陕北歷史文化名人堂

白崇贵書

延安鲁艺书画院院长，延安市人大常委会原党组副书记、副主任白崇贵（1937年生，陕西省清涧县籍）先生题书名。

陕北历史文化名人堂

胡俊生题

延安大学政法与公共管理学院教授，陕西省决策咨询委员会委员，延安大学原副校长，西安培华学院原党委书记胡俊生（1959年生，陕西省榆林市横山区籍）先生题书名。

陕北歷史文化名人堂

苗丰

陕西省决策咨询委员会委员，榆林市决策咨询委员会主任，榆林市委原一级巡视员苗丰（1962年生，陕西省定边县籍）先生题书名。

陕北歷史文化名人堂

宣永红题

延安市政协委员、延安仙鹤岭生命纪念园董事长宣永红（1964 年出生于陕西省延安市，陕西省西安市临潼区籍）先生题书名。

陕北历史文化名人堂

本书作者刘文海（1964年生，陕西省榆林市横山区籍）题书名。

前　言

陕北历史文化源远流长，人文厚重，历代名人辈出。历史上的陕北，是中华民族和华夏文明的一个重要发祥地，是历代中原王朝的一个边防重地，是华夏各民族文化的一个交融之地，是多次农民革命的一个重要策源地，是中国新民主主义革命的一个圣地。这是一块历史厚重的土地，传统凝重的土地，英雄辈出的土地，红色革命的土地。中共延安时期，美国著名记者斯诺在其名著《西行漫记》中，曾感慨地说："走进陕北，才知道什么是真正的中华民族文化！"1948年3月23日，毛泽东率领中共中央纵队来到转战陕北的最后一站——吴堡县岔上镇川口村，打算离开居住了13年的陕北，前往华北的西柏坡。渡船安全到达黄河东岸的山西省临县碛口镇高家塔村的河滩上，毛泽东下了船，最后一次久久凝望陕北大地，深情地说："陕北是个好地方！"

国有史，方有志，家有谱。地方志是一个地方的"家谱"，是一地之全史、一方之百科全书，也是中华优秀传统文化的一块瑰宝，更是历朝历代国家治理体系的重要组成部分。文化自信是一个国家、一个民族最根本的自信。而文化自信，说到底就是这个国家（或地区）、这个民族的历史文化中有多少"亮色"——伟大的祖先、伟大的人物、伟大的事迹、伟大的言论等。为了宣介陕北历史文化，增加世人尤其是陕北大、中、小学生，对陕北这块土地的了解与认知，提高陕北人民文化自信，增加作为陕北人的自尊与荣耀，特以社会公益模式开办陕北历史文化名人堂，并同时出版《名人堂》图书。

《名人堂》，拟以图书的形式介绍陕北历史文化名人78位，其中主籍（籍贯为陕北人）名人49位，客籍（外地人在陕北）29位。图书内容主要为陕北历史文化名人的画像及事迹。人物画像委托西安美院青年画家张喆先生创作，人物事迹由刘文海博士撰写。

陕北历史文化名人列表（78位）

序　号	时　代	人　物	籍　贯（主/客）
1	先　秦	伏　羲（先秦）	客
2		黄　帝（先秦）	主
3		彭　祖（先秦）	客
4		大　禹（先秦）	客
5		晋文公（春秋）	客
6		吴　起（战国）	客
7	秦、汉	蒙　恬（秦代）	客
8		扶　苏（秦代）	客
9		董　翳（秦汉）	客
10		李　广（西汉）	客
11		吕　布（东汉末）	客
12	三国、两晋、南北朝	赫连勃勃（东晋十六国）	主
13		花木兰（南北朝）	主
14	隋、唐、五代	宇文恺（隋代）	主
15		梁师都（隋唐）	主
16		尉迟敬德（唐代）	客
17		李　白（唐代）	客
18		杜　甫（唐代）	客
19		柳公权（唐代）	客
20		浑　瑊（唐代）	客
21		李　益（唐代）	客
22		许　棠（唐代）	客
23		拓跋思恭（唐末）	主
24		杨　信（五代末）	主
25	宋夏辽、金、元	李继迁（北宋初）	主
26		李元昊（宋夏时期）	主
27		杨　业（北宋）	主
28		折赛花（北宋）	主
29		种世衡（北宋）	主
30		胡安定（北宋）	主
31		范仲淹（北宋）	客
32		狄　青（北宋）	客
33		张　载（北宋）	客
34		张　咏（北宋）	客
35		沈　括（北宋）	客
36		晁说之（北宋）	客
37		韩世忠（南宋）	主
38		刘光世（南宋）	主
39		李显忠（南宋）	主
40		李　杲（金代）	主

续表

序号	时代	人物	籍贯（主/客）
41	明、清	薛文周（明代）	主
42		马汝骥（明代）	主
43		余子俊（明代）	客
44		涂宗濬（明代）	客
45		王　琼（明代）	客
46		曾　铣（明代）	客
47		惠世扬（明代）	主
48		王嘉胤（明末）	主
49		高迎祥（明末）	主
50		李自成（明末）	主
51		张献忠（明末）	主
52		孙可望（南明）	主
53		李定国（南明）	主
54		杨素蕴（清代）	主
55		薛柱斗（清代）	主
56		赵良栋（清代）	主
57		刘厚基（清代）	客
58		李娓娓（清末）	主
59	中华民国、中华人民共和国时期	李　棠（民国）	主
60		王雪樵（民国）	主
61		谢子长（民国）	主
62		刘志丹（民国）	主
63		李子洲（民国）	主
64		李鼎铭（民国）	主
65		杜斌丞（民国）	主
66		张季鸾（民国）	主
67		刘含初（民国）	主
68		李健侯（民国）	主
69		曹颖僧（民国、中华人民共和国）	主
70		李有源（民国、中华人民共和国）	主
71		郝树才（民国、中华人民共和国）	主
72		韩起祥（民国、中华人民共和国）	主
73		马健翎（民国、中华人民共和国）	主
74		慕生忠（中华人民共和国）	主
75		高景德（中华人民共和国）	主
76		柳　青（中华人民共和国）	主
77		路　遥（中华人民共和国）	主
78		牛玉琴（中华人民共和国）	主

目　录

伏 羲

〔先秦三皇时期，客籍。生活时代约为新石器时代，距今约7600年〕

在我国远古“三皇五帝”历史传说中，“三皇”（燧人氏、伏羲氏、神农氏）以及“五帝”（黄帝、颛顼、帝喾、尧、舜）中的黄帝，可指一个具体的人，但更多的是一个部落首领的概念，也可泛指一个时代。“伏羲时代”（约公元前5600年至公元前3800年，含女娲时期）传18世73代，持续约1800年。

伏羲，全称太昊伏羲。生卒年不详（一说出生于约公元前5580年），风姓，又作宓羲、庖牺、包牺、伏戏，亦称牺皇、皇羲、太昊（皞），或称黄熊氏，华夏族，相传为成纪人（属今甘肃省天水市秦安县籍），燧人氏之后，神农、黄帝之前的中华民族人文始祖，上古三皇之一、百王之先，中国古代神话中人类之始祖，中国古籍中最早记载的王。《楚帛书》记载其为创世神，是中国最早的有文献记载的创世神。《史记》中称伏牺。后世文献中又与太昊、青帝等诸神合并，称“太昊伏羲氏”。亦有青帝太昊伏羲（即东方上帝）一说：因有木德之瑞，故又称青帝，是五天帝之一。伏羲成为华胥氏部落首领后，徙治陈仓（属今陕西省宝鸡市）。后定都于陈地宛丘（属今河南省周口市淮阳县），故今河南周口市被称作“羲皇故都”。传说伏羲有神圣之德，团结统一了华夏各部落，并封禅泰山；又取蟒蛇身、鳄鱼头、雄鹿角、猛虎眼、红鲤鳞、巨蜥腿、苍鹰爪、白鲨尾、长须鲸之须，创立了中华民族之图腾“龙”。中国人为“龙的传人”之说由此而来。他还根据天地万物的变化，发明了占卜八卦，创造出最古老文字，结束了人类“结绳记事”历史；传播彩陶文化、玉石文化、龙文化等中华民族传统文化；并创造历法、任命官员、区别姓氏，教民渔猎、驯养家畜、烹饪食物，制定婚嫁仪式，始造书契，发明陶埙、琴瑟等乐器并创作曲子等。又相传，伏羲的形象为人首龙（一说蛇）身，因而被后人称为龙祖。他与女娲是同母异父兄妹（一说为同一氏族，无血缘关系），遵上天之意成婚，生儿育女，才使得在史前大洪水中遭灭顶之灾的人类得以延续。他在位14年后去世，女娲继立，废除旧的群婚制度，实行以女人为主体的对偶婚姻，首创一夫一妻婚姻，开婚姻制度之先河。伏羲和女娲对中华文化和华夏文明进步做出巨大贡献。伏羲首创的龙文化是维系中华民族众志成城的精神纽带，成为民族传统、民族感情、民族精神的集中体现。后世的炎帝、黄帝和蚩尤等都是伏羲的后代，炎帝与黄帝结盟逐渐形成了华夏族——亦称“中华儿女”。每个中国人和世界各地的华人，都是伏羲之后代。

全国各地有大量关于伏羲神话传说，多地有“伏羲故里”之称。其中，陕西延川县伏羲故里传说颇具特色。相传太昊伏羲氏在黄河乾坤湾“仰则观象于天，俯则观法于地……始作八卦”。今延川县土岗乡黄河岸边的伏义（羲）河村，据清《延川县志》记载：该村原名伏羲河村，村中有伏羲庙。村附近有山名“圣览山”，相传伏羲经常在此山俯视黄河，极目向东远眺。今国家黄河蛇曲地质公园主景区——延川乾坤湾景区内，有当代新立的伏羲雕像，以及传说中的伏母寨等遗迹。邻近的宜川县境内黄龙山脉（古称梁山）中有座“盘古山”，以及明清时期的盘古庙遗址。这表明，黄河中游地带、陕北黄土高原是中华民族的重要发祥地之一。

黄 帝

〔先秦三皇时期，主籍。生卒年不详，大约生活在公元前36世纪〕

黄帝，可以指一个具体的人，但更多意义上应是华夏部落联盟领袖（首领）的通称。黄帝时代，指从约公元前 3595 年黄帝轩辕氏继位始，至约公元前 2363 年颛顼继位止，计约历 1232 年。

黄帝轩辕氏（一世，名姬黄夷），是黄帝时代最著名的两位黄帝之一（另一位是十世黄帝有熊氏姬邦卉，后世史料中有时将各世黄帝混淆），华夏族，生卒年不详（一说约公元前 3614 年至公元前 3496 年），大约生活在公元前 36 世纪（距今约 5600 年），为中国远古时代华夏部落联盟首领、天下共主、五帝之首，被尊为中华“人文初祖”“文明始祖”等。传说他是有熊氏少典（名大迥）与有蟜氏女附宝之子。本姓公孙，因居姬水（属今陕西黄陵县境沮河。还有多种说法），后改姬姓。本名黄夷，因居轩辕之丘（轩辕之台、轩辕之谷，为黄帝城中宫所在地。有属今陕西神木石峁遗址、陕西黄陵桥山等多说），故号“轩辕氏”（一说因其发明了由轩、辕构成的独轮车，故名）。又有有熊氏、帝鸿氏、缙云氏等别称（把不同时期的黄帝混淆了）。有熊氏起初是炎帝魁隗氏政权范围的一个部落（诸侯国）。有熊氏少典子姬黄夷 20 岁即位，建立轩辕氏政权（一世，约公元前 3595 年至公元前 3496 年在位，计 99 年），部落逐渐强盛起来。史载：轩辕氏因有土德之瑞，土色黄，故号“黄帝”。约公元前 3496 年，轩辕氏西巡祭拜太昊伏羲庙，归途中病逝，享年 118 岁（一说 110 岁，一说 120 岁）。衣冠归葬于故乡——属今陕西黄陵县桥山之巅。千余年后，传至姬姓第十世姬邦卉，其有雄才大略，立誓要吞并天下，南征北战，东征西讨，先后征服了仓颉氏、蚩尤氏、少昊氏、魁隗氏、神农氏。惜未称帝而卒。其子姬芒即位，约于公元前 2522 年取代炎帝神农氏称帝，建立黄帝（十一世）轩辕氏政权，成为新的天下共主，继炎帝之后，以再次统一华夏部落的伟绩而载入史册。黄帝时代，发明历法推算和干支纪时，教导百姓播种百谷草木，发展生产；建立国家体制和官僚体系，创建军队和阵法；始制文字，始创数学、医学、音律，发明房屋、衣冠、舟车、弓矢等生产生活用具；等等。总之，黄帝及其子民的发明涉及政治、军事、经济、文化和日常生活、风俗习惯、社会管理、典章制度等各个方面，开启了中华文明之光。

全国各地“黄帝故里”之传说及遗迹众多。而绝大多数古代文献均记载：黄帝和炎帝部落都起源于陕西的渭水流域。《国语·晋语》载：“昔少典娶于有蟜氏，生黄帝、炎帝。黄帝以姬水成，炎帝以姜水成。成而异德，故黄帝为姬，炎帝为姜。”这是中国历史最早、最可靠记载黄帝和炎帝诞生地的史料。我国当代历史学家张岂之先生曾指出：“黄帝生于陕北黄土高原，炎帝生于今宝鸡市姜水一带。黄帝和炎帝部落曾经顺河移动，发展到黄河中下游和长江中游，后来成为华夏族。”可知，陕北黄土高原是真正的轩辕黄帝故里。

桥山黄帝陵，古称“桥陵”，今号称“天下第一陵”，位于陕西省延安市黄陵县北郊的桥山之巅，为中华民族“人文初祖”轩辕黄帝的衣冠冢，是世所公认的黄帝陵正宗。

彭 祖

〔先秦时期，客籍。生卒年不详，约生活于公元前2300年前后〕

名籛字铿，全名籛铿，又称彭铿，别称卅铿、笺铿、彭铿、彭翦，华夏族，大彭氏国（属今江苏省徐州市铜山区）第一代始祖，先秦道家先驱之一。相传为颛顼之玄孙，陆终第三子。出生并受封于彭城，子孙以国为氏，又以彭为姓。世传彭祖享年880岁，故有“寿星老人”之说。这是因为历史上经常误将彭祖与神农时期神巫巫咸、黄帝时期神医巫彭、夏代彭伯寿、商代彭伯考、商代贤大夫彭咸、周代柱下史老子等人混为一谈，遂有“长年八百，绵寿永世”“非寿终也，非死明矣”等传说。《竹书纪年》云：“（武丁）四十三年，王师灭大彭。”清人孔广森在注《列子·力命篇》中云：“彭祖者，彭姓之祖也……大彭历事虞夏，于商为伯，武丁之世灭之，故曰彭祖八百岁，谓彭国八百年而亡，非实籛不死也。”可见，彭祖是一个以长寿著称的氏族名，籛铿是第一代始祖；其寿八百，指的是大彭氏这个国家于尧、舜、禹、夏、商时期存国800余年，而非像民间传说的那样：彭祖本人活了800多岁——这显然是不可能的。这与传说中黄帝寿1500年的道理一样，说的其实是黄帝时代持续约1500年。

彭祖是华夏民族一位伟大的先民，是炎黄的继承者和开拓者，在中华文明史上影响很大。先秦时期，彭祖在人们心目中便是一位仙人。到了西汉，刘向《列仙传》把彭祖正式列入仙界，并称为列仙，彭祖逐渐成为神话中的人物。孔子对彭祖推崇备至，认为其是中国历史上第一位设计并实施全民教育体系的大教育家。可谓是圣人眼中的圣人。庄子、荀子、吕不韦等先秦思想家，都有赞誉彭祖的言论。《史记》等史书也有关于彭祖的记载，说他是导引养形的先驱代表人物；又说他善烹调，烹调的野鸡汤味道鲜美，尧帝品尝后病体快速康复，便把彭城封给了他。道家更把他奉为先驱和奠基人之一，许多道家典籍保存着彭祖养生遗论。今人为彭祖冠以许多“头衔”，比如中国长寿始祖、烹饪鼻祖、气功祖师、中华武术文化的鼻祖、房中术始祖、最早的性学大师、第一位养生学家等，诸如此类，不一而足，多有牵强附会之处。又有人认为，《彭祖经》（后人整理的彭祖养生论述）为中国第一部养生学著作。

陕北宜君县民间传说：彭祖的出生地和封地在今江苏徐州，晚年时（约770岁至880岁）云游至宜君定居，穴居于宜君城北40里马场川头的彭村寨子山腰的岩洞里。在今陕西省宜君县彭镇彭村，彭祖陵园遗迹尚存，并存有碑文，对此史料文献亦有记载。清雍正版《宜君县志》载：“彭祖是殷商贤大夫，封于彭城，在商为守藏史，在周为柱下史”（笔者注：当为彭祖后人）。清光绪《延安府志》记载：“商彭祖墓在县（宜君）北三十里彭村。”《续修陕西省通志稿》也有相应记载。

禹（大禹）

〔先秦五帝末期，客籍。约公元前2173年—约公元前2073年〕

姒姓，夏后氏，名文命，字高密，号禹，后世尊称大禹（伟大的禹）、帝禹，华夏族，中国远古时代夏后氏部落首领、治水英雄，也是传说中与尧、舜齐名的贤明帝王。又因其是禹夏朝（先于其子启创立的夏朝）创始人，故又称夏禹。其籍贯有十种以上版本，今四川省绵阳市北川羌族自治县禹里镇是比较广泛认可的“大禹故里”。传说禹为颛顼的曾孙，黄帝有熊氏（十世姬邦卉）的第六代玄孙。其父名鲧，母为有莘氏女名“修己”。禹生活在尧、舜时代。在帝尧（唐尧）时代（约公元前 2229 年至公元前 2128 年，含尧之子丹朱时期，历 101 年），禹之父鲧治水 9 年，主要用“堵”之法，却未有显效，被杀。禹接着治水 5 年，主要用“疏”之法而大获成功。公元前 2106 年，尧病逝。舜封锁消息，堰塞太子丹朱，夺取了帝位。进入帝舜（虞舜）（约公元前 2128 年至公元前 2085 年，历 34 年）时代，禹又治水 8 年。至此，禹前后治水 13 年（约公元前 2133 年至公元前 2120 年）。约公元前 2085 年，帝舜驾崩于湘水军中，天下慌乱，众人不服舜太子商均，而皆赴禹之封地阳城（属今河南省登封市告城镇）朝拜禹。于是，禹以治水大功被各部族推举为帝，建国号夏（史称“禹夏”朝。禹究竟是部落联盟首领还是天下共主的天子，学术界有争议，但一般认为，“禹夏”朝不同于禹子启随后建立的“大夏”朝），都于阳城。为帝后，禹在会稽山会盟，执帛者万国，杀怠慢迟到之防风氏，以示天下皆属禹。他一方面德化天下，一方面舞以干戈，施行恩威并用手段慑服复叛之三苗九夷诸部，巩固了对华夏大地的统治。又利用自己“号令天下”的权威，扶植儿子启的势力。约公元前 2073 年，禹在位 10 年后驾崩，葬于会稽山。据中国社会科学院“夏商周断代工程”研究界定，约公元前 2070 年，启在为父守孝 3 年后登基为帝，国号为大夏，成为夏朝的第一位天子，开启了帝权专制的“家天下”时代。历代史学界公认，大禹是为中华民族发展作出巨大贡献的伟大历史人物，其重大功绩不仅在于治理滔天洪水（黄河），发展生产，使人民安居乐业；更重要的是结束了中国原始社会部落联盟的社会组织形态，创造了“国家”这一新型的社会政治形态，用阶级社会代替原始部落，以国家专政体制代替部落联盟状态；又划定中国版图为九州，铸造象征最高权力的“九鼎”（一说划九州、铸九鼎为更早时期的黄帝所为），推动了中国王朝变迁、社会发展和文明进步。

大禹与陕北的历史文化渊源主要有二。一是有观点认为，陕北神木石峁遗址或为“大禹故里”（此为禹籍贯十多种版本之一）。传说，鲧被杀后，其家族的一部分流亡到今陕北神木一带，在繁衍生息约 300 年后创造了石峁文明，禹便是陕北夏后氏家族的首领。二是学术界公认，“大禹治水”主要治理的是黄河，秦晋黄河大峡谷是当年禹治水的重点流域，而黄河壶口、孟门、龙门等，则是大禹治水的重点工程遗址。今陕北延川、宜川一带，自古就有颇多大禹治水的传说、遗迹和寺庙等。比如，延川县有“禹居”地名，相传得名于大禹。壶口附近的禹帽峰、神龟峰、神牛峰，以及孟门“镇河石牛”传说等，均与大禹治水有关。

晋文公

〔春秋时期，客籍。约公元前697年—公元前628年〕

姬姓，名重耳，别称公子重耳，华夏族，出生于曲沃（属今山西省临汾市曲沃县）贵族家庭，唐虞（叔虞）之后，是春秋时期晋国的第22任君主（公元前636年至公元前628年在位）。晋武公长孙，晋献公之子，母亲为狐姬。因其母出于翟而为庶子。初为公子，谦虚好学，善于结交有才能的人。公元前655年（周惠王二十二年），骊姬逼死太子申生，晋国陷入一场内乱，公子重耳出逃至母族故地白狄（属今陕北北洛河流域），平安生活12年；后流亡齐、曹、宋、郑、楚等国7年，累计在外流亡19年。公元前636年（周襄王十七年）春，在秦穆公的支持下回晋，杀晋怀公而立。在位期间任用狐偃、先轸、赵衰、贾佗、魏犨等人，实行通商宽农、明贤良、赏功劳等政策，设置三军六卿，使晋国国力大增。对外联合秦国和齐国伐曹攻卫、救宋服郑，平定周室子带之乱，受到周天子赏赐。公元前632年，晋军于城濮大败楚军，并召集齐、宋等国于践土会盟。周天子册封晋文公为侯伯，晋国霸业自此而成。晋文公文治武功卓著，是“春秋五霸”中第二位霸主，也是“先秦五霸”之一，开创了晋国长达百年的霸业，与齐桓公并称“齐桓晋文”。

晋文公重耳与陕北的渊源深厚。据史料记载：他曾在白狄（翟）避难生活12年（公元前655年至公元前644年）。据专家考证，白狄（国）即今陕北大部、北洛河流域一带。而民间相传，重耳避难的主要地点，是属今陕西省延安市子长市涧峪岔镇至榆林市子洲县淮宁湾镇的上下川道之间，该川道古称走马水，上游今名涧峪岔河（民间自古也称重耳河），下游今名淮（怀）宁河。重耳之母狐姬本就是白狄人。公元前655年（周惠王二十二年）晋国骊姬之乱时，重耳的舅舅狐偃做了精心安排，让重耳顺利逃亡到了娘舅故乡——白狄，父亲晋献公也没有去赶尽杀绝。重耳在白狄一待就是12年，生活平静安逸，经常与白狄王公狩猎游牧，沾染了相当的异族色彩。白狄也善待这个落难公子，在攻打赤狄的廧咎如部落时俘虏了两个美丽少女叔隗、季隗，将她们献给了重耳。重耳借机与谋士赵衰成为连襟，妹妹季隗成了重耳的妻子；而姐姐叔隗的儿子，就是后来名震天下的晋国权臣赵宣子（赵盾）。公元前644年（晋惠公七年），惠公害怕重耳返国夺其王位，暗中派寺人披（宦官，名披）带领杀手千里迢迢来白狄，准备刺杀重耳。重耳闻讯，带着一帮家臣谋士迅捷逃离，流亡齐、宋等地，时年55岁。

今陕北子长市涧峪岔镇修建了重耳广场，建造了重耳纪念墙，用文字和图画介绍重耳事迹。子长市涧峪岔镇、南沟岔镇一带关于重耳的民间传说很多，包括“祖始爷赐给晋文公疆土”“重耳吃糠窝窝”“重耳与季隗相思泉（黑水泉）畔的爱情故事”等。也有一种观点认为，当年重耳的栖身地之古寨堡，在今重耳川中游的子洲县裴家湾镇园则坪村。每年清明节，陕北百姓，尤其是子洲淮宁河流域人家，家家户户都要捏“子推”面花（子推馍，陕北方言也叫“子榷”），以纪念晋公子重耳的著名家臣介子推，此习俗历经两千多年，相沿不衰。

吴 起

〔战国时期，客籍。公元前440年—公元前381年〕

后世亦称吴子，汉族，卫国左氏人（属今山东省定陶县籍。一说属今山东省曹县东北籍），战国初期军事家、政治家、改革家，兵家代表人物。通晓兵家、法家、儒家三家思想，一生历仕鲁、魏、楚三国，在内政、军事上都有极高成就。仕鲁时，曾击退齐国入侵；仕魏时，屡次破秦，尽得秦国河西之地，并向北征战拓展至属今陕北延安市北部一带（其时该地区本属义渠、楼烦之地），成就了魏文侯的霸业；仕楚时，主持改革，史称“吴起变法”，使楚国短期内快速强盛。约公元前406年（周威烈王二十年）至公元前390年（周安王十二年），吴起为西河（辖地大致属今秦晋黄河以西、北洛河以东、渭北高原东部以北、淮宁河以南地区）郡守，长达16年。其任上非常出色，政治清明，百姓拥戴，士卒用命，威震四方，使得韩国、秦国不敢对魏用兵，确保了魏国西部边陲的安宁，为魏国变法图强赢得了宝贵时间与暂时和平。期间，公元前403年（周威烈王二十三年），魏文侯在西河郡北部地区增置上郡（属今陕北境内洛河以东、黄粱河以北、子长市以南地区，治所待考，或为雕阴故城，疑属今陕西富县县城至羊泉原洛河一线）。这是陕北历史上见诸于史料的第一个正规行政建置（一说上郡为魏惠王设置。其在位时间为公元前369年至前319年）。魏国名臣李悝为第一任上郡郡守，但不久李悝出任中山相，由吴起兼任上郡守，成为魏国在黄河以西地区的最高军政长官。他在上郡境内的北洛河源头一带建立“吴”城，后世称为吴起城，属今陕北吴起县城。同时改革兵制，创建魏武卒，“与诸侯大战七十六，全胜六十四”。后因魏武侯猜疑而转投楚国，被楚悼王任命为令尹，进行变法。经过大刀阔斧的改革，在短时间内成功增强了楚国国力。公元前381年（周安王二十一年），楚悼王去世，楚国贵族趁机发动兵变，乱箭射杀吴起。后世把吴起与孙武并称为“孙吴”，两人著《吴子》与《孙子》又合称《孙吴兵法》，在中国古代军事典籍中占有重要地位。唐玄宗时期（712年至756年），将历史上十位武功卓著的名将供奉于武成王庙内，被称为“武庙十哲”，包括吕尚（姜子牙）、张良等10人，战国时期仅有乐毅、白起入选，惜吴起未入选。北宋徽宗时期（1100年至1126年），追尊吴起为广宗伯，位列宋武庙七十二将之一。郭沫若评价说：“吴起在中国历史上是永不会磨灭的人物，秦以前作为兵学家是与孙武并称，作为政治家与商鞅并称的。”

吴起夺取并戍守上郡，必然会在属今陕北地区特别是延安市域内留下不少足迹，惜因年代久远、史料记载不多，迄今只留下一些民间传说。属今吴起县城所在地吴起镇，相传为吴起屯兵之处。镇北乱石头川的吴仓堡，据说是吴起屯兵储备粮草的寨堡。1819年（清嘉庆二十四年），清朝在靖边县首设吴起镇，相传为纪念战国名将吴起在此驻兵戍边而命名。1935年10月19日毛泽东率领中央红军到达吴起镇，胜利结束长征。1942年设立吴起县，后改名吴旗县。2005年10月19日恢复为吴起县，属延安市辖县。今吴起县城建有吴起广场，广场中心竖有吴起雕像。

蒙 恬

〔秦代，客籍。约公元前259年—公元前210年〕

姬姓，蒙氏，名恬，齐国人（属今山东省临沂市蒙阴县籍），汉族，秦朝著名将领。出身名将世家，祖父蒙骜战国时从齐转投靠秦昭王，领军攻打韩、赵，累官至上卿。父亲蒙武也为秦将，曾为秦内史，与秦大将王翦联手灭掉楚国。弟蒙毅也是秦一代名将，官至上卿。蒙恬自幼天资聪颖，胸怀大志，熟读兵书，逐渐养成较高的军事素养。公元前 221 年（秦始皇二十六年），蒙恬被封为将军，攻破齐国，拜为内史，深得秦始皇嬴政的尊宠，时与蒙毅号称“忠信”。同年秦统一六国后，蒙恬率 30 万大军屯兵上郡（治地属今陕西省榆林市榆阳区鱼河镇及横山区党岔镇一带，辖地属今陕北地区大部），秦公子扶苏为监军，两人和谐配合，苦心经营边疆，居功至伟，名垂青史。他们建有三大功绩：一是领军抗击匈奴，收复河南地（时又称“新秦中”，属今黄河河套南，内蒙古鄂尔多斯市域及陕西榆林市北部一带）；二是主持修筑万里长城（秦始皇长城），进一步加固和完善了战国时期的秦昭王长城，构筑起中原王朝坚固的北院墙，为后世边防发挥作用近 2000 年（明长城即在秦始皇长城基础上修筑）；三是主持修建秦直道，“拉近”了京都（属今陕西咸阳）与边疆阴山脚下的九原郡（治地属今内蒙古包头市九原区）一线的距离，大大促进了北方各族人民与中原人民的政治、军事、经济、文化交流和融合。蒙恬北逐匈奴、收复河套地区后，在黄河南岸栽植大片榆树林，用以延缓阻挡匈奴骑兵的如风冲击，称作榆溪塞（又称榆林塞）。公元前 210 年（秦始皇三十七年），秦始皇东巡途中暴病驾崩于沙丘，中车府令赵高同丞相李斯、公子胡亥暗中谋划政变，篡改了秦始皇遗诏，赐死扶苏及蒙氏兄弟。扶苏当即自刎于上郡肤施县月儿台（属今陕西省绥德县城南）。蒙恬内心疑虑，请求复诉。胡亥命人把蒙恬交给上郡地方官吏，派人来代替蒙恬掌兵，囚禁蒙恬于上郡阳周县（治地有争议，疑属今陕西省靖边县杨桥畔镇）监狱。胡亥即位后，蒙恬被迫在狱中饮鸩自尽。蒙恬之死，为千古奇冤，后世历代名人对此多有评论和感叹。蒙恬驻守上郡十余年，威震匈奴，被誉为“中华第一勇士”。据传蒙恬曾改良过毛笔，因此也被誉为“笔祖”。他是中国西北最早的开拓者之一，也是古代大规模开发陕北及河套地区的第一人。

蒙恬墓，位于今陕西省绥德县城西大理河畔，绥德县第一中学校园内。墓冢成馒头形，当代有修复。今存清代石碑两通，其中一通断为两截（系清乾隆年间绥德知州张元林所立）。完整之碑高 1.42 米，镌刻“秦将军蒙恬墓”，为清道光时期绥德知州江士松手书。清人阎秉庚凭吊蒙恬墓后，题诗云：“春草离离墓道侵，千年塞下此冤沉。生前造就千支笔，难写孤臣一片心。”

扶 苏

〔秦初，客籍。？—公元前210年〕

嬴姓，名扶苏，世称公子扶苏或太子扶苏，秦始皇长子，汉族，咸阳人，为秦朝统治者中具有政治远见的人物，惜最终被赵高、李斯、胡亥等人矫诏害死。他仁厚尚德，贤良明达，刚毅勇武，深孚众望。却因反对实行“焚书坑儒”等严峻政策，而触怒其父秦始皇。秦始皇便将他遣往上郡作蒙恬30万大军的监军，协助蒙恬抵御匈奴、修筑长城。公元前210年（秦始皇三十七年），秦始皇在第五次巡狩途中暴病逝于沙丘（属今河北邢台市广宗县境），死前诏令扶苏继位。中车府令赵高和丞相李斯等人害怕扶苏登基后对其不利，于是伪造诏书、秘不发丧，扶持秦始皇第十八子（末子）胡亥登基，矫诏以秦始皇口吻赐死扶苏、蒙恬。扶苏遂自刎于上郡（自杀地点待考，一说为上郡阳周县，疑问属今陕西省靖边县杨桥畔镇。民间传说其自刎于属今绥德县城南的呜咽泉）。司马迁《史记》评价：“扶苏为人仁”，“刚毅而武勇，信人而奋士”。南宋著名诗人陆游《古筑城曲》感叹：“长城高际天，三十万人守。一日诏书来，扶苏先授首。”扶苏之千古奇冤，着实让历代人们为之痛心。

属今陕西绥德县境关于扶苏的民间传说和遗迹很多。传说当年扶苏在上郡肤施县“上郡塞”（张仪所筑，属今绥德县城南）呜咽泉村（古名卢家湾村）山谷石崖下拔剑自刎后，绝壁上竟有无数股泪滴般的泉水汩汩而出，滴落石上声似呜咽哽塞，乡人野老见此无不垂泪唏嘘。后人将此石壁清泉命名“呜咽泉”，将此山谷命名“杀子谷”。另一说，扶苏自刎于上郡塞城中的赏月台（望月台、月儿台）。此台位于今绥德县城西北、大理河与无定河交汇处北岸，石山土盖，上有月宫寺、扶苏赏月台和明代晋溪洞等遗迹。相传扶苏生前经常登此台赏月。

扶苏墓，位于今陕西省绥德县城东疏属山巅，为陕西省重点文物保护单位。其墓为长方形的封土堆，底边长30米、宽6米、高8米，墓区占地6800平方米，被誉为“天下第一太子墓”。

另在今陕西临潼也有一座扶苏墓。据清顺治本《临潼县志》载：“秦太子扶苏墓在县东三十五里。”扶苏是仁德贤明之人，全国有几处他的墓冢（含衣冠冢）等遗迹，也在情理之中。但毫无疑问，当以陕西绥德之扶苏墓最为正宗。

董　翳

〔秦末汉初，客籍。？—公元前203年〕

汉族，秦国夏阳人（属今陕西省韩城市籍），原为秦朝都尉，后被项羽封为翟王，为秦末汉初十八诸侯之一，却又在汉楚之争中反复无常。春秋时期晋国太史董狐后裔。公元前209年（秦二世元年）秋，陈胜、吴广发动起义，董翳辅佐秦朝大将章邯与起义军作战。同年底，陈胜派遣周文带领的反秦义军逼近咸阳，章邯率都尉董翳、长史司马欣大败周文，杀死陈胜，使得局势对秦朝大为好转。随后，章邯、董翳等杀齐王田儋、灭魏王魏咎，斩楚将项梁，围赵王赵歇，连败魏、齐、楚、赵四国，使得秦朝一度有了中兴之象。但项羽于巨鹿之战中击败秦军后，章邯、董翳、司马欣见秦朝大势已去，就投降了项羽之楚军。公元前207年（秦二世三年）冬刘邦、项羽大军先后进入关中。次年二月，项羽自立为“西楚霸王”，分封十八诸侯（国），其中封刘邦为汉王，统治秦岭以南的汉中地区；同时为遏制刘邦势力，将原秦朝三位降将分封为王统治关中地区——章邯为雍王、司马欣为塞王、董翳为翟王，此即历史上陕西“三秦”之典出。其董翳之翟国位于原秦朝的上郡（属今陕北地区），都城为高奴（属今延安市城东尹家沟）。同年八月，刘邦用韩信计，明修栈道、暗度陈仓，一举平定关中，章邯战死，董翳、司马欣投降，翟国、塞国灭亡。楚汉之争中，刘邦因为轻敌大意而在彭城之战惨败，差点被项羽杀掉，而董翳、司马欣又立即转投项羽。于公元前203年（汉高祖四年）成皋之战中，项羽阵营守城大司马曹咎中了刘邦的激将法而出战，在其半渡汜水时遭到汉军袭击而大败。董翳（他如何归附项羽，史料记载不详）与大司马曹咎、塞王司马欣三人自刭于汜水之畔（属今河南省荥阳市汜水镇）。另一说，董翳后并未背叛刘邦，而是辅佐汉高祖平定天下，晚年功成身退，隐居于吴王寨善终，其地属今陕西韩城市境。

秦末汉初的翟国，是历史上第一个建国定都于陕北的国家，却也是个短命王国，国祚仅半年余（公元前206年二月至八月，时为汉高祖二年）。“翟”古同“狄”，泛指我国古代的北方少数民族，尤指夏商周上古三代时期的猃狁、鬼方、犬戎等少数民族。古翟国是远古时期的黄帝后裔建立的，辖地大致为今陕北、晋北、河北北部一带，后为周朝的诸侯国，传到春秋时期灭于晋国。

在今陕北地区，仍遗存不少有关翟国及董翳的历史文化遗址遗迹。一是高奴故城遗址。高奴故城，即翟国都城，也是隋唐时期的延州州城，位于今延安市城东2.5千米的宝塔区尹家沟社区一带，夯土城墙遗址尚可见。二是牛武故城。翟王畜牛、屯粮和练兵的地方，在今陕西富县东北20千米的牛武镇。三是“翟王泉”。据安塞地方志书记载，今延安市安塞区境内的天泽山上有一眼井，名“翟王泉”，传说为翟王董翳命人所凿。

董翳墓，位于今陕西省韩城市盘龙乡上庄村东约1千米处，当地群众俗称“吴王墓”，为一高约5.5米的圆形土丘，旁有古石碑1通，字迹不清，年代不详。

李　广

〔西汉武帝时期，客籍。？—公元前119年〕

汉族，祖籍槐里县（属今陕西兴平），一说狄道县（属今甘肃临洮），后举家迁徙到陇西成纪县（属今甘肃省天水市秦安县），西汉名将。祖先为秦代名将李信，因领兵击败燕太子丹而闻名。后代家族世受恩荫，袭封仆射之职。李广身材高大，两臂如猿，善于骑射，骁勇善战。虽为人口讷，不善言辞，但为将廉洁，常把自己得到的赏赐分予部下，与士卒同吃同饮，深得官兵爱戴。西汉景帝初期，李广为陇西都尉，不久因抗击匈奴功劳升为骑郎将。吴楚“七国之乱”时，李广任骁骑都尉跟随太尉周亚夫抗击吴楚叛军，虽有功却没得到封赏。随后出任上谷太守，积极与匈奴作战。又转任上郡、陇西、北地、雁门、代郡、云中等郡太守，以打硬仗而闻名。公元前 141 年（汉后元三年），西汉武帝刘彻即位，李广由上郡太守调任未央宫卫尉，成为皇帝的侍卫长之一。公元前 129 年（汉元光六年），匈奴军南犯，汉军卫青、公孙敖、公孙贺、李广四路出击。其中，李广任骁骑将军，领 1 万余骑出雁门（属今山西右玉县南）抗击匈奴，因敌我众寡悬殊负伤被俘。匈奴兵将其置卧于两马间的网袋里载运，李广佯死，于途中趁隙跃起，夺马返回，匈奴中因此传开“汉之飞将军”之名。因被俘及部下伤亡甚众，李广战后被朝廷追责贬为平民。数年后，匈奴军又入犯汉朝北方边境的辽西郡，杀死郡守，打败了屯兵渔阳的汉将韩安国。汉武帝又起用李广为右北平（治平刚县，属今内蒙古宁城西南）太守。匈奴听闻“飞将军”复职，数年间再不敢入犯右北平。公元前 119 年（汉元狩四年），汉匈漠北之战中，李广任前将军，因迷失道路，未能按期到达指定位置参与作战。大将军卫青拟拿李广问罪。李广愤愧难当，自杀身死，部属皆恸哭。后世有“李广难封”之谓，说的是他时运不济、一生未曾封侯。后世唐德宗时期，将历史上 64 位武功卓著的名将供奉于武成王庙内，李广位列其中。宋徽宗时期，追尊李广为怀柔伯，位列宋武庙 72 将之一。

据史料记载，李广先后历 8 任沿边郡太守（景帝时 7 郡，武帝时 1 郡），历事西汉文帝、景帝、武帝三朝。其中，两次出任上郡（属今陕北地区）太守：首次是公元前 154 年（西汉前元三年）；第二次是 10 年后的公元前 144 年（西汉中元六年）。今陕北绥德县境内有关李广的传说及遗迹颇多。李广寨遗址，位于今绥德县韭园沟乡李家寨（旧称李广寨）村北 100 米的山峁上。据清光绪本《绥德州志》载：“李广寨，在城东五十里，汉李广屯兵处。”另有民间传说，在今绥德县四十里铺镇暖泉沟村，有暖泉古寨遗址，旧亦称李广寨。又有民间传说：绥德县城东约 40 千米的义合镇虎墕村为李广射石之地。清光绪版本《绥德州志》记载：“在州东九十里，世传汉太守李广射虎于此。”此村也是明末陕北农民起义领袖李自成的重要部将田见秀晚年隐居之地，其寿九十而终。另一传说，李广射虎之地在今子洲县裴家湾镇园子坪村河滩，该村旧称石虎湾（或射虎湾）。

吕　布

〔东汉末年，主籍。？—199年〕

字奉先，汉族，五原郡九原县人（属今内蒙古包头市九原区籍），东汉末年名将，汉末群雄之一。吕布是正史中人物，按照《三国志》等史料记载，其一表人才，膂力过人，擅长骑射，战场上常骑着能跃墙跨壕的“赤兔”良马，被誉为“飞将”，闻名于并州。时谚云：“人中吕布，马中赤兔”。吕布先后为东汉重臣丁原、董卓的部将及养子。董卓入京后，诱使吕布杀死丁原，率其众来投。后司徒王允利用养女貂蝉设美人计，与吕布合力诛杀董卓。但旋即，吕布被董卓旧部李傕等击败，不得已依附袁绍。与曹操争夺兖州失败后，吕布袭取徐州，割据一方。公元198年（汉建安三年）十二月，吕布于下邳（属今江苏省睢宁县古邳镇）再败于曹操，被擒，被缢死于白门楼。由于小说《三国演义》及各种文学艺术的演绎，吕布向来是以“三国第一猛将”的形象存在于人们心目之中。

关于吕布的籍贯，说法不一，至少有三种版本：一是“内蒙古包头说”，即正史所谓“五原郡九原县人”，属今内蒙古包头市九原区籍。二是“山西定襄说”，称吕布故里为东汉并州定襄县东南的中霍村（属今山西省忻州市定襄县南王乡中霍村）。当地有“霍清泉”“智擒赤兔马”“歪脖子树”等民间传说，均与吕布有关。三是“陕北说”，具体又分“志丹说/安塞说”和“绥德说”两种。关于“安塞说”，《钦定古今图书集成·方舆汇编·职方典》载：“在县（保安，属今陕西志丹县）东六十里，有艾蒿岭烂柯岩，号为龙窝。吕布生于此，有窑穴，号为吕布窑。”明清时期，当地官府与乡民仍把龙窝当作圣地予以祭祀。《延安府志》载：“紫马沟，在县（安塞）南四十里，吕布收赤兔马之地也。”史料记载不同，概因历史上地域划界变动的缘故，其地属今志丹县杏河镇艾蒿岭下的吕川村。关于“绥德说”，当代《绥德县志》记载：“才貌双全的吕布是绥德人”。绥德吕布庙，位于今绥德县火车站对面丁家沟村山坡上，为异地搬迁重建。据庙内古石碑记载：吕布养父丁建阳为丁家沟人氏，原与吕布父同在五原郡军中效力。吕布父早逝，临终托付其妻牛三女于好友丁建阳。后牛三女在丁家沟生下遗腹子吕布，成为丁建阳的养子。需要指出，关于吕布籍贯的三种说法，其实是有些内在联系的——东汉时期上郡、五原、定襄三郡都属于并州（西汉置十三州之一，治地属今山西太原）所辖。可能各地人们出于对英雄的仰慕，争把吕布当作家乡人。根据正史推测：吕布的出生地在九原，从军后早期主要活动地在并州一带；陕北地区与晋北仅一河之隔，吕布在陕北活动过的可能性是很大的。

赫连勃勃

〔东晋十六国时期，主籍。381年—425年〕

原名刘勃勃，或字敖云（北魏帝拓跋嗣给刘勃勃取了个侮辱性名字“屈孑”——卑下之意，《晋书》误作为其表字），南匈奴铁弗部人，生于前秦代来城（属今陕西省榆林市榆阳区巴拉素镇白城台村西），祖籍新兴郡虑虒县（属今山西省五台县），东晋十六国时期大夏国（史称胡夏）建立者。其先祖，是匈奴右贤王刘去卑，与前赵光文帝刘渊同族。其祖刘务桓（又名刘豹子）曾被后赵皇帝石虎封为平北将军、左贤王、丁零单于。其父刘卫辰曾被前秦天王苻坚封为西单于，驻扎代来城，督摄（黄）河西诸部族。381年（东晋太元六年），勃勃出生于代来城——这也是将其视作陕北人的主要依据。史书上说其外表出众，“身长八尺五寸，腰带十围，性辩慧，美风仪”。391年（北魏登国六年）七月，匈奴铁弗部遭北魏的攻杀，大败，代来城被攻破，刘卫辰被部下杀死，其三子10岁的勃勃单骑侥幸逃亡，投奔鲜卑叱干部首领他斗伏。他斗伏畏惧北魏，决定将勃勃交给拓跋珪。而他斗伏之侄叱干阿利（生卒年待考，鲜卑族，肤施人，属今陕西延安市籍，十六国时期后秦、大夏国重臣）却在暗中派精锐勇士在路上劫走刘勃勃，将其送到后秦高平公没奕于那里。没弈于把女儿嫁给刘勃勃，并把他引荐给后秦君主姚兴。姚兴一见刘勃勃就很赏识，任命他为骁骑将军、加授奉车都尉。不久，再任为安远将军，加封阳川侯，把原属刘卫辰的铁弗旧部3万多兵交给刘勃勃统领，让其协助岳父镇守高平（属今宁夏固原一带）。406年（东晋义熙二年），姚兴又任命刘勃勃为持节、安北将军，封五原公，并加配三交五部鲜卑以及杂族共2万多部众，让其独自镇守朔方（治所即后来的统万城，属今陕西省靖边县红墩界乡白城子村），总兵力达5万多人。407年（东晋义熙三年），刘勃勃袭杀岳父没奕于，吞其部众，自立为天王、大单于，建立地方割据政权；自称匈奴是夏后氏之后裔，国号大夏（简称夏，史称胡夏），年号龙升，设置百官，定都统万城。其为政残暴嗜杀，傲慢狂妄，屡屡发动战争，先后大败南凉，征战后秦并屡败之，西部地区及关中人民深受其苦。413年（夏国凤翔元年），发10万人在朔方水（今无定河）之北、黑水（今无定河北岸支流淖泥河）之南修筑都城——统万城（勃勃语：“朕方统一天下，君临万邦，可以统万为名。”）；并改姓赫连，取“徽赫与天连”之意。418年（东晋义熙十四年），赫连勃勃乘东晋将领刘裕灭后秦急于南归之机，乘虚袭取长安，在灞上（属今陕西西安市东的蓝田县）称帝。不久回师，值统万城宫殿完工而刻石于城南，歌功颂德。425年（夏国真兴七年）去世，谥号武烈皇帝，庙号世祖，葬于嘉平陵。其子赫连昌继位。428年（北魏神䴥元年）三月，北魏陷安定城，俘赫连昌，其弟赫连定在平凉自称夏皇帝。431年（夏国胜光四年），赫连定遭吐谷浑袭击，兵败被俘（次年被押送于北魏，处死），大夏亡。

赫连勃勃为地道的陕北人，惜只能算是一位乱世枭雄；而其建立的大夏国，则是陕北历史上建国定都的第二个国家。据史料记载：他是东晋十六国时期继刘聪、石虎、冉闵、苻生之后的又一个暴君，生性嗜杀，反复无常。

花木兰

〔南北朝北魏时期，主籍。生卒年不详，一说约412年—502年〕

女，汉族（一说鲜卑族），我国古代文学及民间传说中四大巾帼英雄之一，因忠孝节义、代父从军抗击入侵民族而流传千古。唐初，皇帝追封花木兰为“孝烈将军”，设祠纪念。花木兰故事广为流传至今，应归功于《木兰辞》（也作《木兰诗》）这一首南北朝民歌。花木兰的具体姓氏、籍贯、事迹等，史书并无确载。但据443年（北魏太平真君四年）的石刻祝文和北宋《太平寰宇记》记载，北魏时确有花木兰。关于其籍贯地，也即“木兰故里”之争，历代有之，全国各地有多个版本：有说河南商丘虞城县人，有说陕西延安人，有说湖北黄陂人，有说安徽亳州人，有说江苏泰州人，有说内蒙古盛乐（今呼和浩特市和林格尔）人或包头人，有说河北完县人，均为一家之言。在众多说法中，“延安花木兰”版本较为可靠。元人侯有造《孝烈将军祠像辩证记》中指出：“花家……其所居之地河套……延安郡。”古今许多戏剧中，花木兰自报家门，均称“延安人氏”。明代邹之麟《侠女传》也载：“木兰，陕人也。代父戍边十二年，人不知其为女，归赋戍边诗一篇。”这些都是延安为花木兰故里的一些重要历史佐证材料。当然，确切结论还需要史学家考证确认。

花木兰，姓花，小字木兰，传说为南北朝北魏时期延安府城南万花山下的花家村人（属今陕西延安市宝塔区万花乡花塬头村籍）。父亲花弧是一个“世兵”（军户、兵户），其有二女一男，长女出嫁，次女为木兰，小儿年幼。木兰从小喜欢武艺和兵书。约公元429年，北魏与柔然的战事突起，北魏大举征兵，花弧在应征名册。看到父亲年迈体衰、弟弟年幼，17岁的木兰毅然决定女扮男装、代父出征。她在今黄河河套一带地区作战12年后，战功屡屡加身，平安凯旋。并谢绝朝廷的高官厚禄返回故里，换回女装，过起了平静安逸的乡村生活，耕田织布，栽种牡丹，却依然保留着每天清晨骑马练武的习惯。后享年约90岁，无疾而终。北魏皇帝甚为怜悯，追赠将军，谥“孝烈”，并下诏在其故乡修筑陵墓厚葬。木兰陵墓所在的这座山，古称花家岭，今名万花山。1962年，当地村民在农田基建时挖出古碑一通，上书“花木兰之墓”，高五尺。陵墓建于何时、毁于何时，均不可考。延安市人民政府于1984年在旧址上重建了“木兰陵园”，供人们凭吊瞻仰。今万花山顶有一块长约1千米、宽约百米的平坦山梁地，人称“走马梁”，传说为花木兰跑马之地。万花山上漫山遍野的牡丹花，传说为木兰亲手所植。而实际上，关于万花山牡丹早在汉代就有记载，是我国牡丹的四大原产地之一，历史比河南洛阳牡丹、山东菏泽牡丹等更久远。

《木兰辞》中有句：“双兔傍地走，安能辨我是雄雌？”成为千古绝唱。千百年来，花木兰一直是深受世人敬仰的一位女性，她淳朴又善良，忠孝又勇敢，受到全世界人民的欢迎。其事迹和形象被国内外多种文艺作品所表现，如戏剧（豫剧、京剧等）、电影、电视剧、歌舞剧等，长演不衰。

宇文恺

〔隋代，主籍。555年—612年〕

复姓宇文，名恺，字安乐，南北朝时期北周朔方夏州人（属今陕西省靖边县籍），出生于长安城（今西安市西北部），隋代重臣，我国历史上著名的城市规划和建筑设计大师，隋朝新都大兴城及东都洛阳的营建者。祖上是鲜卑人，为北朝后期以武起家的豪门贵族，公元五、六世纪中国历史上关陇集团之重要成员。祖父为北朝朔方夏州鲜卑族宇文部首领宇文莫豆干。父宇文贵（？—567 年，字永贵）受到西魏权臣宇文泰的器重，官至大司空、大司徒、太保，卒后追赠太傅，谥号“穆”。宇文贵有三子，长子宇文善，次子宇文忻，三子宇文恺，均为北周大将、重臣。宇文恺自幼博览群书，精熟历代典章制度和多种工艺技能，号为“名父公子”。581 年（隋开皇元年）正月杨坚篡夺北周政权、建立隋朝后，为巩固统治地位，大肆诛杀北周宗室宇文氏家族。宇文恺因才学出众颇受杨坚器重，加之其兄宇文忻拥戴杨坚有功，故幸免一死。后长期担任隋朝主管建造方面的朝廷大员，主持建造了许多大型建筑，尤其是营建了隋朝新都大兴城（在西汉长安城基础上改扩建）和东都洛阳城，为后来各代都城建设树立了样板，展示出卓越的设计才华和高超的建筑技艺。大兴城（唐代改称长安城）占地面积 84 平方千米，人口上百万，是当时世界上最宏大壮丽的都市。全城几乎为方形，以坐落在城北的宫城为中心主体，宫城、皇城、郭城渐次展开。唐代诗人白居易生动地描绘为：“千百家似围棋局，十二街如种菜畦。”其规划之完整严谨，规模之宏大，建设速度之快，在当时世界上是无与伦比的，在我国建筑历史上也是里程碑式的。东京洛阳城形制大体同西京大兴城，只是规模略小。因营建都城之功，被擢升工部尚书。后受其兄犯事株连而解职，不久又复起。他是建筑、规划、设计的多面手，除了大兴城、洛阳城的营建外，在其他建筑的设计建造上，同样显露出卓越才华，先后建造了广通渠工程、仁寿宫、皇陵太陵、明堂等建筑物。晚年主持修筑长城，创制皇帝行在大帐、大军渡河浮桥等大型活动性建筑物。612 年（隋大业八年）十月，卒于工部尚书之位，终年 57 岁，谥号“康”。在建筑学方面的著述有《东都图记》20 卷，《明堂图议》2 卷，《释疑》1 卷，均见行于世。但除《明堂图议》的部分内容保存在《隋书·宇文恺传》《北史·宇文贵传》和《资治通鉴》等史籍中外，其他的后来都亡佚了，实为我国建筑学史上的一大损失。

隋宇文恺营造纪颂碑，位于今西安建筑科技大学雁塔校区，于 2016 年 9 月落成。

梁师都

〔隋末唐初，主籍。约570年—628年〕

本名梁玄莫，号师都，史称梁师都，南北朝时期北周朔方郡夏州人（属今陕西省靖边县白城子村籍），隋末唐初军阀豪强、乱世枭雄，地方割据政权——梁国的建立者。世为朔方郡豪族。其父梁毗，隋炀帝时期官至刑部尚书，摄御史大夫，后以忤旨，忧卒。梁师都本为梁毗亲侄，10岁左右父母早亡，便过继给梁毗为养子，排行为四子。梁师都自幼不喜读书却骁勇凶悍，专爱舞枪弄棒、骑马射箭，练就一身好武艺；又仗义疏财，交结各路豪侠，成为远近闻名的勇士。成人后参加隋军，因作战勇敢，屡立战功，很快就被提拔为朔方鹰扬郎将（武官名，正五品）。616年（隋大业十二年），因性格直爽得罪权贵，被罢官遣返，回到家乡朔方郡。时隋炀帝残暴无道，穷兵黩武、徭役繁重、民不聊生，各地纷纷揭竿而起，隋朝帝国大厦风雨飘摇。朔方一带更是连年发生旱灾，百姓生活困苦。617年（大业十三年），梁师都与弟梁玄粟率领部属士卒和当地饥民发动武装起义，杀朔方郡丞唐世宗，自称大丞相。接着联兵突厥，攻占了雕阴（今陕西省绥德县）、弘化（今甘肃省庆阳县）、延安（今陕西省延安市）等郡，整个陕北、甘南地区几乎全部落入梁师都手中，麾下总兵力达到十五六万人，势不可当，成为隋末各路起义军中实力最强者之一。同年，梁师都在夏州称帝，国号梁，建元“永隆”。这是中国历史上，继春秋时期梁康伯后第二个以“梁”姓氏命名的地方割据政权，也是历史上建国定都于陕北的第三个国家。建国后，梁师都深知自己势单力薄，孤掌难鸣，便主动派使者去结好雄踞北方的突厥，倚为靠山。当时的突厥始毕可汗也正想乘隋朝天下大乱时机，谋取利益，双方一拍即合，始毕可汗立刻遣使，赠送了狼头纛（狼头大旗），并封梁师都为“大度毗伽可汗”“解事天子”。有了强悍的突厥撑腰作后盾，梁师都胆气倍增，联合突厥军队北渡黄河，进攻河套地区，占领了盐川郡（今甘肃华池北）。之后，梁师都不断勾结和怂恿突厥南侵。唐统一全国后，梁师都被唐延州行军总管段德操等多次击败。至627年（唐贞观初年），隋末唐初全国各地的起义军势力如金城（今甘肃兰州市）薛举父子、马邑（今山西朔州东北）刘武周、洛阳王世充、榆林（今内蒙古准格尔旗东北十二连城）郭子和，以及窦建德、萧铣、刘黑闼等割据政权，都已渐次被唐朝消灭，国内各路反唐势力已基本被平定，独西北梁师都最后一个割据政权，虽势单力薄，却仍在苦苦支撑。尤其是，梁国内部矛盾加剧，不但有内讧、叛逃事件发生。梁师都自知朝夕不保，便亲自前去拜见突厥的颉利可汗，陈说南下犯唐之计。颉利可汗于是倾全力南下，率步骑10万余人一直攻到长安城以北的渭河浮桥边。唐太宗李世民与颉利可汗讲和，双方在渭河桥上签订和约，突厥人掠得大批金银财物后撤兵北归。随后，唐太宗亲自下诏书给梁师都，劝其归附，接受招安。梁师都心高气傲，不从。628年（贞观二年），唐军柴绍及刘旻、刘兰成等几路大军压境，梁师都被其堂弟梁洛仁（梁玄粟，字洛仁）所杀（一说梁师都为部下兵谏所迫，自杀）。梁国灭亡，存国12年。唐太宗为抹去梁师都色彩，下令将朔方郡改为夏州郡。

尉迟敬德

〔唐代，客籍。585年—658年〕

史料记载：尉迟恭，复姓尉迟，字敬德。但其墓志铭载：其真名尉迟融，字敬德，朔州善阳人（属今山西省朔州市朔城区籍），鲜卑族（一说汉族），唐初名将、开国元勋，官至右武侯大将军，封鄂国公，是凌烟阁二十四功臣之一（列第七位）。其家族尉迟氏源于北魏鲜卑尉迟部。尉迟敬德生得面如黑炭，年少时以打铁为业。隋炀帝大业末年，在高阳参军讨伐暴乱兵众，以勇猛闻名，因功提拔朝散大夫。617 年（隋大业十三年）三月，马邑鹰扬府校尉刘武周杀太守王仁恭，起兵反隋，并遣使归附突厥。刘武周闻知尉迟敬德作战勇猛，便将其网罗麾下，担任偏将。619 年（唐武德二年）三月，刘武周在突厥支持下举兵南下，尉迟敬德也在其中；九月，刘武周占领太原，尉迟敬德随刘武周部将宋金刚继续南下，攻克晋州。620 年（唐武德三年）四月，与唐军相持约 5 个月的宋金刚军终因粮秣断绝，被迫以寻相部为后卫，向北撤退。唐秦王李世民率军跟踪追击，大败宋金刚军。刘武周放弃并州（治晋阳，属今山西太原），与宋金刚一起逃往突厥，后为突厥所杀。尉迟敬德则收拢残兵，坚守介休。李世民知其武勇出众，便派任城王李道宗和宇文士及进城劝降。尉迟敬德遂与寻相以介休、永安（属今山西霍县）二城降唐。同年九月，李世民率军攻打王世充，一日尉迟敬德陪李世民到榆窠打猎，却遭遇与李渊父子有大仇的王世充麾下骁勇大将单雄信偷袭，幸亏尉迟敬德及时赶到杀伤单雄信，救了李世民一命。在 626 年（武德九年）六月初四日发生的“玄武门之变”中，李世民射杀了太子李建成，尉迟敬德不但射杀了皇子李元吉，还又救了李世民一命。随后，尉迟敬德领军控制了皇宫，逼迫唐高祖李渊下令，命诸军皆属秦王指挥，并最终协助李世民夺取帝位，内外遂定，可谓力挽狂澜。唐太宗李世民论功行赏，尉迟敬德与杜如晦、长孙无忌、房玄龄、侯君集五人并列功劳第一，每人赏赐了一万匹绢；齐王府的钱财器物，连同整个府第，都赏给了尉迟敬德。建立玄甲军，尉迟敬德为领军的四位将领之一。639 年（唐贞观十三年）二月，官拜光禄大夫、行鄜州（治洛交，属今陕西富县）都督、鄜坊丹延四州诸军事、鄜州刺史。到任鄜州后，看到城垣残破，关防颓废，立即勘察地形，精心设计，竭尽军力民力，依山傍水建成 12 道连城，如同铜浇铁铸一般。642 年（贞观十六年），又加授检校夏州都督、夏绥银三州诸军事、夏州刺史，即同时担任鄜州、夏州两州都督，为当时陕北地区的最高军事长官。约 1 年后，告老致仕。之后，他闭门谢客、深居简出、热衷丹药、不问世事，长达 16 年之久，于 658 年（唐显庆三年）去世。唐高宗为其辍朝三日，册赠司徒、并州都督，谥号“忠武”，陪葬昭陵。

在中国传统文化中，尉迟敬德（也称胡敬德，传说其为胡人，故民间有此称谓）与秦叔宝（秦琼）两人被后世尊为民间驱鬼避邪、祈福求安的门神。

李　白

〔唐代，客籍。701年—762年〕

字太白，号“青莲居士”，时人誉为“谪仙人”，汉族，唐代伟大的浪漫主义诗人，在中国文学史上享有崇高地位，被誉为“诗仙”，也是一位伟大的词人。其籍贯及出生地尚无确说，一般认为，其祖籍为陇西成纪（属今甘肃天水），先世于隋末流徙西域。李白出生于中亚碎叶城，幼年时随父迁居唐朝剑南道绵州（巴西郡）昌隆（后避唐玄宗讳改为昌明，属今四川江油）县青莲乡，故今四川江油有“李白故里”之谓。少年时生活在蜀地，壮年游历天下，一生漂泊动荡、学剑求道，绝大部分时间在旅途中度过。为人好酒任侠，爽朗大方，笑傲王侯，蔑视权贵。742 年（天宝元年），唐玄宗召李白进宫，授供奉翰林，职责是给皇上写诗文娱乐，陪侍皇帝左右。但两年后失宠，李白随即辞官在各地游历。744 年（天宝三年）夏，李白到了东都洛阳，杜甫拜识了他，两人建立了深厚友情；同年秋，两人如约到了梁宋（也作宋城，属今河南商丘市），并在这里遇到了诗人高适，三人畅游甚欢。755 年（天宝十四年），安史之乱爆发，李白避居庐山。757 年（至德二年），李白因参加永王李璘叛乱而被判罪长流夜郎。次年，因朝廷大赦而获释。761 年（上元二年），李白因病返回镇江，生活窘迫，不得已投奔族叔、当涂县令李阳冰。次年，李白病重，在病榻上把自己的诗文手稿交给了李阳冰，赋《临终歌》后与世长辞，终年 62 岁。关于李白之死，历来众说纷纭，一说醉死，一说病死，一说溺死，难有确论。李白是自战国时期屈原以来积极浪漫主义诗歌的新高峰，与杜甫并称“李杜”，是华夏文明史上最伟大的天才诗人之一。其存世诗文千余篇，有《李太白集》三十卷传世。代表作有《蜀道难》《行路难》《梦游天姥吟留别》《将进酒》《望庐山瀑布》《望天门山》《早发白帝城》等。亦善文，其《春夜宴桃李园序》是一篇篇幅短小、辞情慷慨的不凡之作，堪称千古名作。

李白的陕北之行，并不广为人知。一般认为，730 年（开元十八年），29 岁的李白漫游至长安，寓居长安南面的终南山玉真公主（唐玄宗御妹）别馆，欲结识玉真公主却无缘，又欲谒见其他王公大臣却均无结果。是年暮秋，在友人的推荐下，前往拜会时任邠州长史的本家堂兄李粲，以求仕进。李白在邠州住了约两个月没有收获，就带着李粲的推荐信，于深冬季节北上坊州（治地属今陕西省黄陵县桥山镇上城村）拜见坊州司马王嵩。在坊州的一个多月里，李白虽然受到热情款待，但与仕途无所补益，只留下《酬坊州王司马与阎正字对雪见赠》和《留别王司马嵩》两首诗。约 731 年（开元十九年）正月，李白离开坊州，经过宜君、同官、耀州，冒雪返回长安。随即穷困潦倒于长安。同年初夏，离开长安，经开封到达宋城。这就是“诗仙”与陕北的特殊际遇。

杜 甫

〔唐代，客籍。712年—770年〕

字子美，自号少陵野老，后世称杜拾遗、杜工部、杜少陵、杜草堂等，汉族，河南巩县人（属今河南省巩义县籍），唐代伟大的现实主义诗人，中国文学史上杰出的伟大诗人之一，被后世尊为“诗圣”，其诗被誉为“诗史”。家族出身京兆杜氏，乃北方大士族。祖籍湖北襄阳，曾祖父杜依艺为巩县令，遂举家迁居河南巩县。736 年（开元二十四年），杜甫在洛阳参加进士考试，落第。744 年（天宝三年）四月，在洛阳与被唐玄宗赐金放还的李白相遇，两人相约同游了梁、宋（属今河南开封、商丘一带）。随后，杜甫又到齐州（属今山东济南）。过了 4 年，秋天转赴兖州与李白相会，二人一同寻仙访道、谈诗论文，结下“醉眠秋共被，携手日同行”的友谊。747 年（天宝六年），唐玄宗诏天下“通一艺者”到长安应试，杜甫也参加了考试。由于权相李林甫编导了一场“野无遗贤”的闹剧，参加考试的士子全部落选。此后，杜甫客居长安十年，仕途失意，奔走献赋，郁郁不得志，过着贫困潦倒的生活。755 年（天宝十四年），被授予河西尉此等小官，而他决意“不作河西尉，凄凉为折腰”，朝廷于是改任他为右卫率府兵曹参军（低阶官职，负责看守兵甲器杖、管理门禁锁钥）。同年十一月，“安史之乱”爆发，杜甫往奉先（治地属今陕西蒲城）省家，刚进家门就听到妻子哭泣声，原来小儿饿死了。756 年（天宝十五年）春，杜甫从奉先动身，随着北上逃难的人流，一路向属今陕北地区辗转逃亡；六月，潼关失守，唐玄宗仓皇西逃；七月，太子李亨即位于灵武，是为唐肃宗；八月，杜甫抵鄜州羌村（属今陕西省富县茶坊镇大申号村）临时安家（后寓居 1 年零 4 个月）。当月只身北上，打算投奔在灵武的肃宗，途中不幸为叛军所俘，押至长安。一同被俘的王维等人被叛军严加看管，杜甫因为官小，没有被囚禁。757 年（至德二年）四月，杜甫冒险从长安城西金光门逃出，穿过对峙的两军到达凤翔（属今陕西省宝鸡市凤翔区）行在，投奔肃宗；五月十六日，被肃宗授为左拾遗（从八品），世称“杜拾遗”即缘此；闰八月，墨制放还鄜州羌村省亲；九月，官军收复长安；十一月，杜甫回到长安，仍任左拾遗。758 年（乾元元年）六月，杜甫因上疏营救宰相房琯，触怒肃宗，被贬华州（属今陕西华县）司功参军。759 年（乾元二年），杜甫弃官入川，虽然躲避了战乱，生活相对安定，但仍然心系苍生，胸怀国事。770 年（大历五年），杜甫因贫病交加，逝世于耒阳至衡阳湘江舟中。杜甫共有约 1500 首诗篇被流传下来，是唐代诗人里最多的，大多集于《杜工部集》。

陕北有杜甫遗迹多处。一是羌村故居，位于今陕西省延安市富县茶坊镇羌村村。二是杜甫川，也称少陵川，位于今延安市城南的七里铺村东，本名南川、牡丹川，因“诗圣”而改名“杜甫川”。三是杜公祠，位于今延安市城南七里铺村，坐东向西，面朝杜甫川。祠建于何年，已无考。相传祠崖壁有宋代范仲淹题字“杜甫川”。清代及当代对祠有大规模修葺。此外，万花山（位于延安市城南杜甫川）、芦子关（位于榆林市靖边县天赐湾镇楼关梁村）等地，也留下了不少有关杜甫的传说和遗迹。

柳公权

〔唐代，客籍。778年—865年〕

字诚悬，别称柳少师、柳学士、柳尚书、柳河东等，汉族，京兆华原人（属今陕西省铜川市耀州区籍），中唐大臣，著名书法家、诗人。兵部尚书柳公绰之弟。柳公权自幼天赋聪颖，喜欢学习，12 岁即能作辞赋；又喜爱书法，从小书法技艺惊人。808 年（元和三年），进士及第，时年 29 岁。随后曾任秘书省校书郎。819 年（元和十四年），李听镇守夏州（古地名，治地属今陕西省靖边县红墩界乡白城子村）时，柳公权入幕其军府，时间约为 1 年。之后回京，于唐穆宗、敬宗、文宗三朝官居侍书，长期在朝中为官。历仕七朝，官至太子少师（从二品），故世称“柳少师”；封河东郡公。860 年（咸通元年），以太子太保（正二品）致仕。865 年（咸通六年），去世，享年 88 岁。追赠太子太师（从一品）。

柳公权的书法以楷书著称，初学王羲之，后来遍观唐代名家书法，吸取了颜真卿、欧阳询之长，融会新意，自创独树一帜的“柳体”，以骨力劲健见长，后世有“颜筋柳骨”的美誉。在唐代与颜真卿齐名，时称“颜柳”。在历史上与欧阳询、颜真卿、赵孟頫并称“楷书四大家”。传世碑刻有《金刚经刻石》《玄秘塔碑》《冯宿碑》等，行、草书有《伏审帖》《十六日帖》《辱向帖》等，另有墨迹《蒙诏帖》《王献之送梨帖跋》传世。亦工诗，《全唐诗》存其诗 5 首，《全唐诗外编》存诗 1 首。

柳公权在夏州短暂任幕僚约 1 年，其书、文滋养了这片土地的翰墨书香风气。中华民国时期，“陕西书法三杰”之一的李棠，也曾任靖边县县长。中华人民共和国成立后，在靖边境内陆续出土的书法碑刻悄然诉说着靖边书法的历史沉淀，同时也涌现出王亦群、韩亨林、许浚等一批陕西省乃至全国知名的书法家。大夏名城，翰墨靖边，对书法艺术的传承与弘扬一路走来。2018 年 2 月 23 日，靖边县被陕西省书法家协会正式命名为“陕西书法之乡”。

柳公权墓，在今陕西省铜川市耀州区阿子乡让义村北约 1 千米处，占地东西 82 米、南北 64 米，圆丘。其兄柳公绰墓在东，二者相距 46 米。1956 年，柳公权墓被陕西省人民政府公布为第一批陕西省重点文物保护单位。1990 年，陕西省文物事业管理局批准成立柳公权墓文管所。

浑　瑊

〔唐代，客籍。736年—800年〕

本名日进，别称浑日进、浑咸宁、浑忠武、浑河中，铁勒族浑部皋兰州人（属今宁夏青铜峡市籍），唐朝中期名将。先祖为西域铁勒九姓中的浑部，随东突厥归附唐朝后，以部落之名为姓氏。家族世为唐将，袭任皋州都督。其父浑释之官至朔方节度留后。754年（天宝十三年），唐代著名诗人高适曾作《送浑将军出塞》一诗，诗中浑将军即浑释之。浑瑊 11 岁就长得高大威猛，精通骑射，武功过人，即随父入朔方军征战。“安史之乱”爆发后，先后为李光弼、郭子仪、仆固怀恩的部将，大小数十战，军功最盛。仆固怀恩叛乱时，吐蕃军十万入侵关中，浑瑊率二百骑兵冲阵，大破之。泾原兵变时，浑瑊于奉天（属今陕西乾县）力战，大破朱泚数万叛军。784 年（兴元元年），升任朔方节度使。随后率军收复咸阳，出任奉天行营兵马副元帅，封咸宁郡王（封地咸宁郡，属今陕西省宜川县境）。随后会同马燧率军讨平李怀光叛乱，再升任检校司空，出镇河中。787 年（贞元三年），奉命主持唐蕃平凉会盟，但因其疏于防备，遭吐蕃军伏击，他夺马逃归。次年，加授邠、宁、庆副元帅。796 年（贞元十二年），升任检校司徒兼中书令。799 年（贞元十五年）十二月，去世，终年 64 岁。追赠太师，谥号“忠武”。相传葬于其封地咸宁郡（后世亦称丹州，治地属今陕西省宜川县）。

浑瑊勇冠三军，征战 50 余年，为维护唐朝统治立下了卓著功勋，其在平定藩镇之乱、抵御异族侵扰方面的功绩，可与同时期的汾阳王郭子仪比肩；又才兼文武，著有诗文集《行纪》。他生性谦虚谨慎，虽位至将相，却从未有自矜之色，深受唐德宗信任，得以保持功名终生，两人也成为历史上君臣相得的典范，为后世称道。763 年（广德元年），唐代宗下诏将浑瑊等人的画像悬挂于凌烟阁上。814 年（元和九年），唐宪宗下诏以浑瑊配飨德宗庙庭。在北宋《十七史百将传》中，浑瑊位列其中。《新唐书·浑瑊传》曰：“物论方之金日磾”。把他比作汉武帝时期的名将、匈奴人金日磾。唐代著名诗人李商隐作有《浑河中》一诗，赞誉了浑瑊的贡献。

陕北宜川浑瑊相关遗址。由于浑瑊对国家统一有功，宜川人民非常敬重他，在今宜川县城北 40 千米的云岩镇山中村（古称三冢村）建有浑瑊墓和忠武王庙（浑王庙），历代香火不断。浑瑊墓，相传为浑瑊及其家将的三个衣冠墓。清嘉庆本《延安府志》云：“浑碱墓，在（宜川）县北八十里三冢村。乾隆四十一年巡抚毕沅重修，并书‘唐忠武王浑公瑊墓八字’勒石以记。”可见，清代毕沅所修浑瑊墓气势不凡。今浑瑊墓地仅残存一冢之围墙。

李　益

〔唐代，客籍。约746年—829年〕

字君虞，陇西姑臧人（属今甘肃武威市籍），后迁居河南洛阳，中唐著名诗人，也是中国文学史上从军边塞时间最长（前后计 19 年）的边塞诗人。其在 774 年（唐大历九年）至 806 年（元和初年）的 30 余年里，“荏苒从役，其中虽流落南北，亦多在军戎”（李益《从军诗序》）。769 年（大历四年）举进士，初任郑县尉，久不得升迁。783 年（建中四年），登书判拔萃科（唐宋时期朝廷破格选拔人才的一种制度）。因仕途失意，弃官在燕赵、河朔一带漫游。797 年（贞元十三年），任幽州节度使刘济从事，两人时有唱和。780 年（建中元年），南游扬州等地，创作了一些描绘江南风光的诗篇佳作。元和（806 年至 820 年）后入朝，历秘书少监、集贤殿学士、左散骑常侍等职。自负才地，多所凌忽，为众不容，谏官举其幽州诗句不敬，降居散秩。唐宪宗时，起用为秘书监，迁太子宾客、集贤学士判院事，转右散骑常侍。827 年（大和元年），擢升礼部尚书，但随即致仕。两年后，卒。他以边塞诗著名，擅长绝句，尤其工于七绝。其边塞诗数量众多仅次于岑参，一生留下 166 首，其中以七言绝句为最多，共 51 首（反映战争和边塞生活的约为 25 首），近三分之一。李益的七绝，历代学者多所赞赏。明代学者胡应麟说：“七言绝，开元之下，便当以李益为第一。如《夜上西城》《从军北征》《受降》《春夜闻笛》诸篇，皆可与太白、龙标竞爽，非中唐所得有也。”

李益是中唐著名边塞诗人，也是整个唐代吟咏陕北诗作最多的两位诗人之一，约 23 首。另一位是晚唐诗人许棠。李益有 3 次陕北之行的游历：第一次为 774 年（大历九年）夏秋，随鄜坊节度使臧希让大军首途自渭北使府，北征至振武镇，转西行，又至西受降城一带，历时三四年，转战千余里，于大历十二三年（778 年、779 年）回到郑县任所。其间作《塞下曲四首》《拂云堆》《登长城》《再赴渭北使府留别》《五城道中》和《夜上受降城闻笛》《登夏州城观送行人赋得六州胡儿歌》《从军夜次六胡北饮马磨剑石为祝殇辞》《从军夜次六胡州北饮马磨剑石为祝殇辞》等诗篇，皆为名篇。第二次为 781 年（建中二年），唐王朝派李怀光为朔方节度使，李益入其幕，再次从军塞上，时间不及 1 年。其间作《将赴朔方早发汉武泉》《暖川》《过五原胡儿饮马泉》《度破讷沙二首》《暮过回乐烽》《从军北征》《听晓角》《回军行》《来从窦车骑行》等诗篇，或描绘边塞风光，或写唐军的豪迈气概和英雄形象，或抒发思乡厌战心情，均为精品。第三次为 785 年（贞元元年）秋，入金吾大将军杜希全幕，第三次从军塞上，持续时间待考，疑为 3 年左右。其间作《上黄堆烽》《赴渭北宿石泉驿南望黄堆烽》《过降户至统汉峰》《自朔方还与郑式瞻崔称郑子周岑赞同会法云寺避暑》《赋得路旁一株柳送邢校书赴延州使府》《送柳判官赴振武》等诗篇。也有资料说，李益曾于建中二年（781 年）在夏州节度使韩潭军幕做过参佐。总计，李益在今陕北当差、巡察、游历七八年，是一个对陕北游历丰富、充满感情的伟大外乡诗人。

许 棠

〔唐代，客籍。约822年—883年？〕

字文化，宣州泾县人（属今安徽泾县籍），祖籍山西霍县，晚唐比较重要而又成就较大的诗人。出生在一个中下层地主家庭，但已家道破落。早曾隐居九华山、庐山等地。先后应试30年，于871年（咸通十二年）才进士及第。调任泾县尉，上任时郑谷赠诗，有“白头新作尉”之句。又曾为江宁丞。后辞官，潦倒以终。工诗文，性僻难与人合。以作洞庭诗著名，其代表作《过洞庭湖》广为流传，时人称他为“许洞庭”。与张乔、张蠙和周繇并称“九华四俊”，因四人均来自皖南九华山周边地区。与张乔、郑谷等诗人合称“咸通十哲”。许棠是一位苦吟诗人。著有诗集一卷，《新唐书艺文志》传于世。

有唐一代，或游历，或仕宦，或从军，吟咏陕北的著名诗人灿若群星，其中不乏像李白、杜甫、白居易、王维这样的诗坛千古巨人。但就吟咏陕北诗篇的数量，以及对陕北的热爱和体察入微而言，算得上“之最”的只有两位诗人：一位是中唐时期的李益，另一位当数晚唐时期的许棠。当然，两人也都是成名的大诗人，绝非籍籍无名之辈。李益因官做得大，名气要比许棠大一些。但其实，二人诗作水平是不相上下的，特别是写陕北，许棠似乎倾注了更多的感情和精力。而且，晚唐写边塞诗的诗人中，许棠是最不可忽视的一位。

许棠在应试落第之后，曾三次游边：第一次是849年至850年（大中三年至四年），在秦陇一带游边。第二次是850年至852年（大中四年至六年），在河东、以太原为中心游边，其间曾到过雕阴（属今陕西省绥德县）等今陕北之地，《雕阴道中作》就作于此期间。第三次是868年至870年（咸通九年至十一年），在秦陇及关内道游边，包括五原（属今陕西省定边县）、夏州（属今陕西省靖边县）等今陕北之地，《五原书事》《边城晚望》《塞外书事》《旅怀》《过湍沟谷》《经八合坂》《夏州道中》《春日乌延道中》等即作于此行，此时许棠已经快50岁了。总之，许棠两次游历过今陕北地区榆林市域，足迹踏遍雕阴、夏州、五原、银州等许多地方，一路行来一路诗，吟咏所及，涵盖了塞上景色、边关河山、历史文化、风土人情等内容。惜他并没有在陕北做过官。

许棠的诗作通俗易懂，但意境盎然。且看其《塞下二首》其二：“征役已不定，又缘无定河。塞深烽砦密，山乱犬羊多。汉卒闻笳泣，胡儿击剑歌。番情终未测，今昔谩言和。”简单“塞深烽砦密，山乱犬羊多”一句，即把陕北之风景描写得入木三分。

拓跋思恭

〔唐末，主籍。？—895年〕

党项羌族，夏州人（属今陕西省靖边县籍），唐朝末期夏州刺史、党项羌族首领、地方豪强，堪称唐宋时期陕北“党项羌之父”。出自党项羌拓跋氏平夏部，世居夏州多代，先祖可追溯至唐初党项羌拓跋部大首领拓跋赤词，其助吐谷浑抗唐失败后，与其侄（一说其子）拓跋思泰（有些史料记载为拓跋思头，有说二者为同一人，有说为两人）降唐。唐中宗时，思泰为静边州（唐置羁縻州，治地疑属今榆林市横山区韩岔镇境）都督。思泰死，其子拓跋守寂继位，唐玄宗时被封为西平公。“安史之乱”爆发后，守寂因平定平夏部叛乱有功，擢升容州刺史、领天柱军使，后封赠灵州都督。守寂孙乾晖曾任银州刺史。乾晖的后裔副叶，有子拓跋重建，即为思恭之父。可知，家族世为党项羌平夏部的酋长，也是在陕北地区拥有强大实力地方武装的豪强。拓跋思恭初为夏州（治今陕西靖边县白城子村）偏将，任教练使。860 年（唐大中十四年）后占据宥州（治地属今内蒙古鄂托克前旗城川镇），自封刺史，但并未得到唐朝廷的承认。881 年（中和元年）正月，攻入长安的黄巢称帝，建立大齐（史称“伪齐”）政权，年号“金统”。出逃的唐僖宗下诏征集各路兵马“剿贼”，思恭观望判断后，决定效命朝廷。同年四月，他率领宥、夏州兵马，与鄜州（治今陕西富县）李孝昌同誓讨贼，唐僖宗授他为左武卫将军、权知夏绥银节度使事；八月，朝廷正式授其夏绥银节度使；九月，思恭和李孝昌对战黄巢军大将朱温、尚让，激战东渭桥，被朱温击败，其弟思忠（李继迁之高祖父）战死，后被追赠宥州刺史；年底，诏赐夏州军队为“定难军”，思恭为节度使，身份正式获得朝廷承认。之后与郑畋等四节度使同盟，屯兵渭桥。882 年（中和二年）春，晋京城西面都统、检校司空、同中书门下平章事；七月，晋封四面都统，权知京兆尹。883 年（中和三年）七月，黄巢之乱被平定后，思恭晋太子太傅，封夏国公，赐姓李，拜夏州节度使，领宥、夏、绥、银四州，成为割据一方的藩镇豪强势力。886 年（光启二年），乘朱玫叛乱和保大军节度使东方逵去世之机会，遣其弟思孝攻占了鄜州、延州。888 年（文德元年），思恭呈请朝廷授思孝为“保大军节度使，鄜、坊、丹、翟等州观察使”。至此，拓跋（李）兄弟二人据有 4 镇（定难军、保塞军、保大军、静边军）8 州（宥、夏、绥、银、鄜、坊、丹、延）之地（均属今陕北地区），拓跋氏势力上升到极盛时期。895 年（乾宁二年），嗣襄王李煴之乱，僖宗诏命李（拓跋）思恭出兵，还未及发兵，思恭卒。因思恭子李仁佑早死，孙李彝昌年幼，军中共推思恭弟思谏为定难军节度使。思恭另外两个弟弟思孝、思敬，先后为保大军节度使（亦称渭北节度使，治坊州，属今陕西省黄陵县城）。后保大军李思敬为李茂贞所逼，离开领地降于西川王建。定难军李思谏不得不依附于朱全忠，从而保住拓跋氏割据夏州的势力。

党项羌拓跋部从 881 年（中和元年）拓跋思恭割据夏州、宥州开始，一直以定难军为根基，历经唐末、五代，直到北宋初，最后经李继迁、李德明、李元昊三代人的苦心经营，终于发展成为与北宋、辽国分庭抗礼的西夏帝国，国祚延续了 189 年。

杨 信

〔五代时期，主籍。？—951年或952年〕

本名杨弘信，麟州新秦县人（属今陕西省榆林市神木市籍），汉族，历任契丹、后晋、后汉、后周、北汉麟州刺史，北宋抗辽名将，“杨家将”开山鼻祖杨业之父。为避宋太祖赵匡胤之父赵弘殷名讳，改名杨宏信；或空缺一字，称杨信。《杨家将演义》中称作杨衮。世居麟州新秦，是唐末五代时期麟州地方豪强，以武力雄踞一方，自领麟州刺史。五代后晋时，石敬瑭将燕云十六州割让给了契丹，河西的麟州、府州、丰州等地靠近契丹境，被契丹侵占达 8 年之久。942 年（后晋天福七年），后晋河东步军都指挥使刘崇为麟州刺史时，杨信命长子杨重贵（即后来的杨业）追随左右。944 年（后晋开运元年），“契丹欲尽徙河西之民以充辽东”，引起府州党项（一说鲜卑）折氏等部和麟州土豪杨氏家族的强烈反对。府州折从远（折从阮）据险抗拒契丹，并举州归顺后晋。杨信也在火山（属今山西保德北）起事，以武力抗拒契丹，并自任后晋麟州刺史。947 年（后晋开运四年），后晋河东节度使刘知远联合麟州杨信、府州折从远、夏州李彝殷诛杀当地契丹统治者，建立后汉。杨信继任后汉麟州刺史。府州折氏与麟州杨氏世代和好，结为姻亲。杨信长子杨业，娶妻折氏，名折赛花，即为后世传颂的巾帼英雄佘太君。951 年（后周广顺元年），周太祖郭威即位，杨信归顺后周，其麟州刺史之位得到后周朝廷的承认。同年二月，后汉刘知远之弟刘崇于晋阳（属今山西太原）即帝位，建立北汉。北汉拥有 12 州，麟州为其一。刘崇授杨信为麟州刺史，并将杨信子杨重贵收为义子（实为人质），改名刘继业，服侍于左右。后又让刘继业成为刘崇子、刘承钧的养子。952 年（后汉乾祐五年），杨信病死，次子杨重勋（杨重训）继任麟州刺史，转而依附北汉。

唐末五代及北宋时期，曾出现过 4 个名为“杨信”的人，都大有作为、颇有名气，只有一人是本名。除麟州杨信外，另外 3 人：一是沙陀杨信（？至约 959 年），沙陀族人，本名杨承信，后避汉隐帝刘承祐名讳，改为杨信，并于后汉隐帝时期先后任寿州节度使、安州节度使、麟州节度使、检校太师、同平章事，并加开府仪同三司，进封杞国公、韩国公、鲁国公。北汉时期，杨信作为殿前都指挥使曾与北宋进行过几次战斗，但鲜有胜绩。二是瀛州杨信（？至约 978 年），瀛州人（属今河北省河间县籍），本名杨义，后避宋太宗赵光义名讳，改名杨信。宋初，任马步军副都军头，后任铁骑控鹤都指挥使、殿前都虞候、仪仗都部署，直至殿前都指挥使领建武军节度。其弟杨嗣与杨业的儿子杨延昭共事，久居边镇抗击辽国，均以善战闻名，时称“二杨”。三是代州杨信（本名），生卒年不详，代州崞县人，儒生，不仕。其曾孙为杨宗闵，宗闵之孙为南宋抗金名将杨存中，其传承关系是：杨信→杨日新→杨仲（付）臣→杨宗闵→杨震→杨存中。四位杨信，名字本不相同（弘信、承信、义、信），籍贯各异（麟州、瀛州、代州），年龄、任职均不一样，甚至民族（有汉族、沙陀族）也不一致，但最后都名唤杨信，很容易混淆。文学作品中或者民间传说中的杨家将及其后人的故事，之所以有不同说法的各种版本，多数情况下正是因为混淆了这四个杨信之故。

李继迁

〔五代及宋初，主籍。963年—1004年〕

夏太祖李继迁，本姓拓跋氏，也作拓跋继迁，又曾被北宋皇帝赐名赵保吉，党项羌族，银州人（属今陕西省榆林市横山区党岔镇籍），为五代时期及宋初夏、银州党项羌首领，也是两朝皇帝（宋夏时期西夏国李元昊、明末大顺政权李自成）的共同祖先。本为北宋夏、银州将领，后叛宋自立，接受辽国册封“夏国王”，奠定了西夏建国的基础。出身党项羌族平夏部，出生地为李继迁寨（属今陕西省榆林市横山区殿市镇李继先村）。先祖为北魏皇室鲜卑拓跋氏之后，远祖为内迁的党项羌首领拓跋赤辞，其于贞观初年归附大唐，被唐太宗赐姓李。唐僖宗时，李继迁的高祖父李（拓跋）思忠在与胞兄李（拓跋）思恭征讨黄巢时阵亡，唐僖宗追赠李思忠为宥州（治所延恩县，属今内蒙古自治区鄂托克前旗东敖勒召其古城）刺史，于渭阳建立祠堂。自此，党项羌李氏得以世踞以夏州为中心的夏、绥、银、宥、静五州之地，号“定难军”，历唐末五代交替而未变。李继迁曾祖父李仁颜，在后唐为官；祖父李彝景，在后晋为官；父亲李光俨，在后周为官，为银州防御使。李继迁为时夏州党项羌首领李继捧的族弟。幼年时即以勇敢果断闻名乡里，12 岁便能独自射杀猛虎。982 年（北宋太平兴国七年），得知族兄李继捧迫于朝廷和党项羌族内双重压力入朝，并交出夏、绥、银、宥、静五州地后，与弟李继冲、亲信张浦等人逃往鄂尔多斯草原深处的“地斤泽”，发动党项羌各部叛宋自立。之后，不停围攻北宋银、夏、宥等州，时胜时败，一时难成气候。985 年（北宋雍熙二年）二月，他率部攻占夏州（治地旧为统万城，属今陕西省靖边县白城子村），并谋攻银州（属今陕西省榆林市横山区党岔镇），于四月设伏诱杀宋将都巡检曹光实，一举夺得银州，名声大振。随后，他向辽国表示愿意归附，取得辽国的支持，辽以宗室女义成公主下嫁于他，并于990 年（北宋淳化元年）被辽封他为“夏国王”——这也是陕北历史上第四次定都立国，尽管此时李继迁的“夏国”还是没有稳定疆域及国都的“流亡政权”。李继迁在宋、辽夹缝中周旋奋争 20 多年，时而降宋，时而附辽，实力日强，不仅收复了陕北党项羌人的传统故地，还于 1002 年夺得西北重镇灵州，改为西平府，并在此建立宫殿。1004 年（北宋景德元年），中吐蕃潘罗支之计，兵败受箭伤，病重而死，年仅 42 岁。葬于裕陵（属今宁夏贺兰山平羌堡西北 2.5 千米处）。其子李德明即位后，追谥父亲“应运法天神智仁圣至道广德孝光皇帝”，庙号武宗。其孙李元昊于 1038 年称帝后，追谥其为神武皇帝，庙号太祖。《剑桥中国辽西夏金元史》评价其：“继迁以勇敢、尚武知名。”

古银州城，位于无定河畔，治地属今陕西省榆林市横山区党岔镇，遗址今尚存，史载为五代末及宋初党项羌首领李继迁的祖籍地。其出生地相传为“李继迁寨”，今名李继先村，属今榆林市横山区殿市镇境，地处殿市镇与韩岔乡交界、黑木头川上游吴岔村的后沟里。六百多年后，明末农民起义军领袖李自成亦出生于此地。李自成自称是李继迁的嫡系后人。

李元昊

〔宋夏时期，主籍。1003年—1048年〕

本名拓跋元昊，小字嵬理，后改姓嵬名，更名曩霄，故也称嵬名曩霄，党项羌拓跋氏，祖籍北宋银州（属今陕西省榆林市横山区党岔镇），出生地为灵州（属今宁夏灵武），北宋初期夏州党项羌首领，西夏开国皇帝。夏国王（辽封）李继迁孙，夏国王（辽封）李德明子。北魏皇室鲜卑拓跋氏之后。远祖拓跋赤辞、拓跋思忠在唐朝时因功数次被赐皇室“李”姓，故有李元昊之名。又因祖父李继迁一辈被北宋朝廷赐“赵”姓，故又称赵元昊。自幼熟习兵书、晓佛学，通蕃汉文字，文武兼备，雄才大略。长大后身材高大，威武挺拔，经常白袍加身、头戴黑冠、身佩弓矢、驾骏马，出行时有骑兵护驾，阵势煞是威武。20 多岁就成为西夏战功赫赫的骁将，立下轻取甘州、荡平西凉府等显功，使党项羌诸部头领折服归顺、众望所归。又击败了以甘州为中心的回鹘政权和盘踞西凉的吐蕃政权。1032 年（北宋天圣十年），李德明病逝，李元昊在兴州（属今宁夏银川市）凭借出色的军事才干和显赫的累累战功，以太子之合法身份继任西平王，取得了党项羌族的最高统治权，开始向着帝位前进；同年弃李姓，自称嵬名氏（后于 1047 年，即西夏天授礼法延祚十年，又改回李姓）。之后，派遣军队攻占了瓜州（属今甘肃酒泉市）、沙州（属今甘肃敦煌市）、肃州（属今甘肃酒泉、嘉峪关一带）三个战略要地，完全控制了河西走廊。至此，经过几代党项羌人不屈不挠的奋斗，终于打下一块足资生息繁衍和开拓发展的地域，所控制的领土“东尽黄河，西界玉门，南接萧关（今甘肃省环县），北控大漠（属今蒙古国瀚海）”，“方二万余里”，具体包括夏、宥、银、会、绥、静、灵、盐、胜、威、定、永和甘、凉、瓜、沙、肃等州的广大地区，并以兴庆府（属今宁夏银川市）为其统治中心。1038 年（西夏天授礼法延祚元年）十月，李元昊称帝，建国号大夏（史称西夏），定都兴庆府，修建宫殿，设立文武两班官员，制定官制、军制、法律，创造西夏文，又颁布秃发令。西夏建国后，与宋朝的外交关系正式破裂。在随后的三川口之战、好水川之战、定川寨之战、麟府丰之战等四大战役中，西夏军歼灭北宋西北精锐部队数万人，又在河曲之战中击败御驾亲征的辽兴宗，从此奠定了（北）宋、辽、西夏三分天下的格局。李元昊凶残暴虐，多疑忌，又贪婪好色，不但动辄霸占大臣妻子，甚至霸占了儿媳妇（次子宁令哥之妻）。1048 年（西夏天授礼法延祚十一年），酒醉回宫，被宁令哥刺杀（有争议），惊觉躲闪，被削去鼻子，惊气交加，不久鼻创发作，不治而亡。谥号武烈皇帝，庙号景宗，墓号泰陵。由幼子李谅祚即位。

西夏国（1038 年至 1227 年）是历史上由党项羌人在我国西部广大地区建立的一个持久稳固政权，是以羌族后裔党项族为主，包括汉族、契丹、吐蕃、回纥等民族组成的地方割据势力，与北宋、辽成“三足鼎立”之势，鼎盛时国土面积达到 80 万平方千米。1227 年，西夏国最后亡于蒙古军，国祚 189 年，历 10 帝。

杨 业

〔五代及宋初，主籍。932年？—986年〕

本名崇贵，汉族，五代时期麟州新秦人（属今陕西省榆林市神木市籍），后迁居并州太原，北汉、北宋名将，即著名的“杨家将”第一代开山鼻祖——“老令公”杨业，《宋史》有其传。崇贵为麟州地方豪强杨信（杨弘信、杨宏信）长子。弟崇勋（重勋、重训）及后人亦有名望，为“杨家将”的另一支，世守麟州。崇贵少时洒脱有豪气，读书虽不多，但忠烈勇武，甚有智谋；又善于骑射，喜好打猎，每次猎获总比他人多。942 年（后晋天福七年）前后，崇贵约 10 岁时，由其父杨信送至后汉将领、时任麟州刺史的刘崇麾下，服侍左右。因避刘崇讳，改名杨重贵。949 年（后汉乾祐二年），18 岁的杨重贵与“府州折氏”将领折德扆之女折赛花结为夫妻。后人将此故事演绎成一段十分有趣的爱情戏曲，名曰《七星庙招亲》。951 年（后周广顺元年），北汉建立后，重贵随刘崇离开麟州，东渡黄河，此后一直在并州生活。952 年（北汉乾祐五年），重贵约 20 岁时，被刘崇收为义子，赐姓刘，名“继业”，成为北汉河东军的一员将领，任保卫指挥使。刘继业骁勇善战，屡建奇功，累迁至建雄军（治所属今山西代县）节度使，北汉国人誉为“无敌”，为远近闻名的著名将领。979 年（北宋太平兴国四年），在北宋灭北汉之战中，北汉皇帝刘继元投降北宋，刘继业一同被招抚。宋太宗赵光义素闻刘继业之名，遣使召见，予以安抚，诏复原姓，名杨业，授右领军卫大将军。后派他为知代州（属今山西代县）兼三交口驻泊兵马都部署，为大将潘美所节制，常驻代州抵抗辽兵。期间多次击败辽军入犯，“杨无敌”威名远播，令辽兵胆战心惊。986 年（宋太宗雍熙三年），北宋组织三路大军进行“雍熙北伐”，其中西路军主帅为忠武军节度使潘美（即传统戏剧中的潘仁美），杨业副之，一路所向披靡，连克云、应、寰、朔四州，部队直抵桑乾河边。惜曹彬率领的东路军却连遭败绩。宋太宗只得诏令全军撤回，并命潘美、杨业所部护送四州民众内迁。北宋军在撤退途中遭遇辽军主力，主将潘美和监军王侁、刘文裕错误指挥，强令杨业出战，结果被辽军团团包围在朔州陈家谷一带。一番血战后，杨业所部全军覆没，七子杨延玉及部将王贵、贺怀浦均力战而死。杨业因战马受重伤不能动弹而被辽兵擒住，但他威武不屈，拒绝投降，绝食三日而死，卒年约 55 岁。为表彰杨业忠义，北宋追赠其太尉、大同军节度使；又封其长子供奉官杨延朗（后避皇家讳改为延昭，民间称作杨六郎）升任崇仪副使，次子殿直杨延浦、三子杨延训同为供奉官，另三子杨延环、杨延贵、杨延彬皆担任殿直。明代《杨家将演义》中有诗赞云：“矢尽兵亡战力摧，陈家谷口马难回。李陵碑下成大节，千古行人为感悲”。

杨家将故里之争，历来有之，至今仍有各种观点，但学术界比较公认的史实是：杨家将故里是古麟州——即今陕西神木。今“杨家城”（麟州故城）遗址尚存，位于陕西省榆林市神木市店塔镇杨城村。另据有关学者初步整理和不完全统计，全国各类杨家将文化遗存约 300 处以上。它们有些有据可考，有些属传说或附会，有些需进一步挖掘论证。

折赛花

〔北宋，主籍。约934年—1014年〕

女，府州人（属今陕西省府谷县籍），鲜卑族，北宋初女将，“杨家将”杨业之妻。自唐末、五代到北宋初，“府州折氏”为西北著名将门世家。折赛花曾祖父折嗣伦、祖父折从阮、父亲折德扆、弟折御勋，以及后世的折克行、折可适等，皆为名将。《五代史》有折从阮、折德扆的传记。史料记载：折家世居府州，从折氏曾祖以来，世袭军职，多次参加抗西夏、抗辽战争。折赛花生长在世代名将辈出的家庭环境中，自幼受其父兄的影响，酷爱骑马射箭，研习兵法，颇通将略，曾协助父兄练兵把关，表现出超人的军事才能。杨业与折赛花自幼青梅竹马，志趣和爱好相同，故两人于949年（后汉乾祐二年）结为夫妇。今陕西省府谷县有座“七星庙”，传说杨业和折赛花就是在此地私订终身的。婚后，折赛花随夫居住太原北汉“杨府”，共事北汉。夫君边关打仗，她在杨府内组织男女仆人、丫鬟习武，这些人的武技和忠勇之气不亚于边关将士。清代康基田《晋搜略》一书中说：折赛花家中“婢仆技勇，过于所部。用兵克敌，如蕲夫人（即梁红玉）之亲授桴鼓然。”另据当代杨维森所著《弘农杨氏族史》一书称，折太君生卒年为934年（后唐应顺元年）至1014年（北宋大中祥符七年），享年80岁。折太君去世后葬在今山西保德县城南20千米的折窝村。

巾帼英雄佘太君“百岁挂帅”的故事自古以来流传甚广，屡屡出现在各地民间传说和各种版本的小说演义中。有学者考证后认为，历史上确有佘太君其人，原名折赛花（佘赛花），太君是她后来的封号，“佘”是“折”的讹传。清代官员、史学家毕沅所著《吴中金石记》载：“折太君，杨业妻，折德扆女。”清代光绪版《保德州志》载：“杨继业（杨业，因曾名刘继业，后改回杨姓，故有些史料记载为杨继业）……事北汉为建雄军节度使，娶折德扆女。”《岢岚州志》载：“杨业娶折德扆女。”在山西代县杨忠武祠保存的《杨氏族谱》中也提到了佘太君。后世戏剧中的“杨门女将”大多有原型，是经艺术加工创造出来的，但皆有一定的史实根据。但也有学者研究分析后认为，“折太君”可能并非杨业的妻子，而是府州隔壁的丰州（属今陕西省榆林市府谷县西北）刺史王承美的妻子折氏。据史料记载：丰州王刺史夫人折氏，积极协助夫君抗辽，在夫君死后不仅入宫受封，还多次为边事抗诏与北宋皇帝辩论，深受宋真宗的尊重。无论是活动时间、地点还是具体事迹，丰州“折太君”与传说中的“佘太君”都极为相似。杨业夫人同为“府州折氏”女，且由于“杨家将”在历史上的形象比丰州王承美要高大得多，故后世文学艺术作品中很可能将丰州“折太君”与“杨家将”的故事杂糅起来，使“折太君”被附会为杨老令公的贤内助，从而使其形象更加丰满和高大。

“府州折氏”祖孙数代西御西夏、东抗契丹，号称“折家军”，“控扼西北，中国赖之”（《五代史》语）。自870年（唐咸通十一年）前后折宗本奠基府州算起，到1139年（南宋绍兴九年）西夏攻占府州、折彦文南渡为止，共传9代270年，通贯五代及整个北宋时期。在府谷，人们至今还称折氏坟园为“折王坟”。以折氏抵抗异族为题材的戏剧，如《佘太君百岁挂帅》等，历演不衰，脍炙人口。

种世衡

〔北宋，客籍。985年—1045年〕

字仲平，汉族，京兆府人（属今陕西西安市籍），北宋名将，“种家军”开山人，官至东染院使、环庆路兵马钤辖（中高级军官，约领兵五千人），《宋史》有其传。祖籍河南洛阳，北宋大儒种放（955年至1015年，字明逸，号云溪醉侯）之侄。种世衡祖父种诩，宋吏部令史，后调补长安主簿。种世衡之父，未见记载，名不见传。最初，种世衡因其叔父种放恩荫，补任将作监主簿，后多次升迁至太子中舍。再任泾阳知县，转凤州通判，降孟州司马，再任卫尉寺丞，历任随州监酒、同州（治地属今陕西大荔）签书、鄜州判官事。1040年（北宋康定元年）八月后，范仲淹知延州时，对种世衡十分器重。种世衡通过范仲淹上书朝廷建言：在延州（今延安市）东北200里的唐代宽州故城（属今陕西清涧县城东北山梁）废墟上重建新的城池屏障，以便占据西夏军入侵的要道。朝廷恩准后，由种世衡主持修筑并驻防青涧城（今清涧城）。城成后，他训练军士，招抚羌人，奖励耕战；并巧施离间计，除去西夏主李元昊的心腹大将野利旺荣、野利遇乞兄弟。1041年（庆历元年）五月，范仲淹改知庆州，推荐鄜州判官种世衡调任洛苑副使、知环州（属今甘肃环县），来镇抚羌族。1043年（北宋庆历三年）春，经范仲淹推荐，种世衡升任东染院使、环庆路兵马钤辖。范仲淹檄令他与蒋偕修筑细腰城。种世衡当时卧病在床，立即起来，率领所部甲士日夜兴筑。1045年（北宋庆历五年），细腰城修筑成功，种世衡病卒军中，终年61岁。种世衡为官一生，清廉正直，关心人民疾苦。戍边期间，积谷筑城，抚练士卒，军队所到之处，秋毫无犯，极得人心。范仲淹誉之为：“国之劳臣也。”宋仁宗也称赞说：“边臣若此，朕复何忧！”

种家军，北宋名将种世衡及其子种谔、孙种师道所率领的军队，时人称“种家军”。在《宋史》中，种世衡创建的种家军，比杨家将的名气更大，比杨家将的作用更大，只不过杨家将走上了舞台，被渲染出彩，而种家军却只在线装书中，被历史湮没了。北宋统治的168年间，种家军（将）英雄辈出：种世衡、种诂、种谔、种诊、种谊、种朴、种师道、种师中等，皆为一代著名将才。种家子弟五代从军，数十人战死沙场。据《宋朝事实类苑》记载，种世衡有八个儿子：种诂、种诊、种谘、种咏、种谔、种所、种记、种谊。其中种诂、种诊、种谔战功显赫，关中军民称其为“三种”。种世衡的孙子辈中，将才亦多，其中以种师道、种师中兄弟最为有名。

胡安定

〔北宋，客籍。993年—1059年〕

本名胡瑗，字翼之，北宋泰州海陵人（属今江苏泰州市海陵区籍），祖籍一说为陕西路安定堡（属今陕西省延安市子长市安定镇）、一说为陕西路安定郡（属今甘肃省泾川县），故世称胡安定，又号“安定先生”，北宋初理学先驱、教育家、思想家，《宋史》有其传。自幼聪敏好学，7 岁能作文，13 岁通晓“五经”，乡邻视为奇才。20 岁左右与孙复、石介讲学泰山，十年不归，得家书见有“平安”二字，不拆阅即投涧中（今泰山五贤祠旧址东有“胡安定先生投书处”刻石，称投书涧）。后执教太学，四方之士来学者，学舍竟不能容。后辗转主持苏、湖两州州学，所创“经义”“治事”两斋，为高等教育分系分科的开端。为了表示支持，时贬任苏州知事的范仲淹亲手将两子范纯佑、范纯仁送入府学读书，拜胡瑗为师。1040 年（北宋康定元年），时年 48 岁的胡瑗又由范仲淹推荐出任陕西丹州（治地属今陕西宜川县）军事推官，参与幕府军事谋划，并撰《武学规矩》，建议国家大兴武学，以抵御外部侵略。再转山东密州、浙江保宁等地担任军事幕僚官。1042 年（庆历二年），受湖州（治地属今浙江省湖州市吴兴区）知州滕宗谅聘请，再到湖州主持府学。晚年回到朝廷为官，1042 年至 1056 年（北宋庆历二年至嘉祐元年）历任太子中舍、光禄寺丞、天章阁侍讲、管勾太学等，终以太常博士致仕。1058 年（嘉祐三年），因病赴临安其长子胡志康处颐养，离京时送行者百里不绝。次年病故，终年 67 岁。谥文昭，葬于浙江乌程。江苏如皋胡家庄有衣冠冢。其一生著述颇丰，多达 13 种，可惜大部分散佚，传世很少，且多为门人记录整理而成。今存世的经学著作有《周易口义》12 卷、《洪范口义》3 卷，均收入《四库全书》；另有音乐著作《皇祐新乐图记》3 卷（与阮逸合撰）。胡安定集教育理论、教育实践和教学改革于一身，“白衣而为天下师”，开宋代理学先河，创立理学“安定学派”，被王安石誉为“天下豪杰魁”。他提倡“以仁义礼乐为学”，讲求“明体达用”，开宋代理学之先声，与孙复、石介并称“宋初三先生”。又为泰山五贤（宋朝的孙明复、石徂徕、胡安定，明朝的宋绎田，清朝的赵仁圃）之一。北宋欧阳修在《胡先生墓表》称：“自景祐明道以来，学者有师，惟先生（胡瑗）暨泰山孙明复（孙复）、石守道（石介）三人。”胡安定的教育理论与实践，不仅示范于当时，也垂法于后世，在中国教育史上竖起了一座丰碑。

子长安定塔及胡公祠（胡瑗纪念馆），位于今陕西省延安市子长市城正南侧的文昌庙山上，2012 年建成，塔在前、馆在后。安定塔是主建筑物，为一座八角九层明代北方风格的宝塔，地上九层，地下一层，塔高 58.8 米。胡公祠，也称胡瑗纪念馆，占地面积 250 平方米，为仿宋建筑，内陈列胡瑗像、胡氏家谱、胡瑗生平画等。另有胡瑗纪念碑，位于子长市秀延河畔的文化长廊，记录了胡瑗生平事迹。另在宜川县城南曾建有“二贤祠”，祭祀宋代曾任云岩县令的关学大儒张载和博古通今的杰出师表胡瑗两位先生，惜今已无踪迹可寻。

范仲淹

〔北宋，客籍。989年—1052年〕

字希文，原名朱说，世称范文正公，因喜好弹“履霜”一曲获称“范履霜”，汉族，北宋苏州府吴县人（属今江苏省吴县籍），祖籍陕西邠州（属今陕西省彬县），北宋名臣、名将，著名文学家、教育家，《宋史》有其传。唐朝宰相范履冰之后。出生于徐州节度掌书记官舍，两岁时失去父亲，随母亲改嫁到长山县一位朱姓人家，取名朱说。少年时家贫但好学，当秀才时就常以天下为己任，有敢言之名。1015年（北宋大中祥符八年），进士及第，授广德军司理参军，迎母归养。调任集庆军节度推官后，恢复祖上的范姓，改名仲淹。后历任兴化县令、秘阁校理、陈州通判、苏州知州等职，因秉公直言而屡遭贬斥。1040年（康定元年）夏，北宋经历“三川口之战”惨败后，范仲淹与韩琦同任陕西经略安抚招讨副使，辅佐夏竦主持西北战事；六月范仲淹以龙图阁直学士兼知延州，八月到任后主张“屯田久守”方针，以巩固西北边防。时西夏李元昊屡犯宋境，他与韩琦经略陕西，号令严明，西夏不敢犯，史书上有“一韩一范”之誉，羌人称范仲淹为“龙图老子”，西夏人称“小范老子”（前任范雍为“老范老子”）。1041年（庆历元年）春，北宋在“好水川之战”再次惨败，范仲淹被朝廷追究连带责任，于四月初四日被贬知耀州。他在延州知州的任上，时长仅8个月零6天，但政绩卓著。1043年（庆历三年），出任参知政事（副宰相），提出“十事疏”，发起“庆历新政”。1044年（庆历四年）秋，推进不到1年的“庆历新政”夭折，范仲淹被贬河东、陕西宣抚使，与枢察副使富弼一起奉诏巡视边防。这年秋冬之际，范仲淹巡视到河东的麟州（属今陕西省榆林市神木市），留下千古名篇《渔家傲·麟州秋词》。此词被后世誉为“词史之绝唱，词坛之丰碑”，为“宋词中第一边塞词”“边塞词的压卷之作”。后历知邠州、邓州、杭州、青州。1052年（皇祐四年），改知颍州，扶疾上任，途中于五月二十日病逝于徐州，终年64岁。同年十二月葬于河南洛阳东南万安山。追赠兵部尚书、楚国公，谥号“文正”。有《范文正公集》《睢阳学舍书怀》等著作传世。

范仲淹一生经历戍边御敌、庆历新政、执教兴学等重大事件，政绩军功卓著，文学成就斐然。其文武兼备，智谋过人，无论在朝主政还是出帅戍边，均系国之安危、时之重望于一身。为官清廉，体恤民情，刚直不阿，力主改革，多次上疏批评时任宰相吕夷简，屡遭奸佞诬谤，三次被贬。工于诗词散文，善书法，作文富政治内容，文辞秀美，气度豁达。其名篇《岳阳楼记》所言“先天下之忧而忧，后天下之乐而乐”，为千古名句。《灵乌赋》有句“宁鸣而死，不默而生”，是中国古代哲人追求自由的响亮呐喊之声。时他与韩琦、欧阳修、富弼并称“天下四士”。北宋王安石评价范仲淹：“一世之师，由初起终，名节无疵。”南宋朱熹称范仲淹为“有史以来天地间第一流人物”。毛泽东评价：“中国历史上有些知识分子是文武双全，不但能够下笔千言，而且是知兵善战。范仲淹就是这样的一个典型。”

狄　青

〔北宋，客籍。1008年—1057年〕

字汉臣，别称面涅将军、狄天使、武曲星等，汉族，汾州西河县人（属今山西省汾阳市籍），北宋名将、重臣，《宋史》有其传。出身贫寒，年少时代兄受过，被“逮罪入京，窜名赤籍（取消户籍，强迫入伍）”，故面有刺字。身材魁梧，武艺高强，又善于御马，成为皇帝近卫骑队的一名骑兵（职名“天使”）。1038年（北宋宝元元年），西夏主李元昊称帝自立，朝廷下诏殿前军可申请到边疆前线参战并享受优待，30岁的狄青被任命为三班差使、殿侍兼延州指使（北宋中低级军官，约相当于今营长），驻守保安军（驻地属今陕西志丹栲栳寨）。其勇而善谋，战场上常戴铜面具，披头散发，冲锋陷阵，奋不顾身，多次立下卓越战功。西夏兵对他胆战心惊，送“狄天使”雅号。因在保安军守卫战中负重伤，被安排至安远寨（属今陕西省延安市安塞区北坪桥镇）休养，幸运地避开了随后“三川口之战”之致命一劫。1040年（康定元年）九月，受范仲淹派遣，狄青一战攻取被西夏占据的延州西北要塞——卢子平（芦子关），得到范仲淹的赏识。范仲淹赠《左氏春秋》，劝勉其攻读。狄青因此折节读书，渐精通兵法，声名更盛。他在鄜延、陇东一带作战4年，前后参加了大小25场战斗，中箭多达8次，尤其是在安远寨一战中，受伤最为严重。史料记载：鄜延从军期间，他率部斩杀和俘虏的党项羌军民超过1万人，缴获的牛马羊和铠甲等数以万计。1042年（庆历二年）十月北宋在“定川寨（砦）之战”惨败后，朝廷提拔大批新军官，狄青因战功而飞升，被授秦州刺史、泾原路副都总管、泾原路经略安抚招讨副使（高级将领，相当于今省军区副司令员），加封捧日天武四厢都指挥使衔、惠州团练使。又在军队中奋斗了十多年后才显贵起来，以功累升枢密使（宋代朝廷仅次于太师的次高军事长官，相当于今国防部长）、同中书门下平章事、知陈州，成为朝廷一品重臣。朝中重臣名士韩琦、范仲淹、尹洙等都与他的关系不俗。平生历战超30次，包括大破西夏、夜袭昆仑关、平依智高之乱等，尤以1053年（皇祐五年）正月十五日夜袭昆仑关最著名。身居高位后，备受官僚诽谤和朝廷猜忌，导致抑郁而终，年仅49岁。卒后却受到极高礼遇和推崇，追赠中书令，谥号“武襄”。世人将其描绘成战神，说其兵法及仙术受命于天，是专门下凡解救宋朝的“武曲星”，另一位是“文曲星”包拯。民国蔡东藩评价说：“狄青、包拯两人，垂誉至今，称颂不衰。”我国出版的《中国古代十大名将》《神州名将》均把狄青收录其中。

陕北地区有关狄青的遗迹及传说颇多：一是狄青塬（原），位于今榆林市横山区塔湾镇，为陕北黄土高原上的一块塬地，相传狄青曾在此驻防。二是狄青牢石窟，在今延安市宝塔区桥沟镇杨家湾村“狄青牢村”自然村，相传曾关押过狄青。三是狄家城，即德靖寨（属今陕西省志丹县西南40千米的旦八镇城台村），为保安军城的子城，因狄青曾屯兵于此故称。四是延安凤凰山“狄青寨”，位于今延安市城中心凤凰山上。五是劳山及湫沿山“狄青寨”，位于今甘泉县北10千米处，“狄青大破野猪峡”的故事向有流传。

张 载

〔北宋，客籍。1020年—1077年〕

字子厚，号横渠，别称张子、横渠先生，汉族，北宋凤翔府郿县人（属今陕西省眉县横渠镇籍），北宋著名思想家、教育家，理学创始人之一，“关学”（关中学派）创始人，《宋史》有其传。祖籍大梁（属今河南开封）。出生于长安（属今陕西西安市）。青年时喜论兵法，给当时主持西北边防军务的范仲淹上陈《边议九条》。而范仲淹劝他：“儒者自有名教，何事于兵！”认为张载作为儒生一定可成大器，无须去研究军事。张载从此专心研读儒家《六经》。1057年（嘉祐二年），进士登第，与苏轼、苏辙兄弟同榜，拜祁州（属今河北安国）司法参军（从八品），实授云岩（属今陕西宜川县境）县令（正九品）。任内，他勤政爱民、政令严明，并注重德治，推行德政，处理政事以“敦本善俗”为先。又热衷办教育，大力实施“养正于蒙、有教无类”的教育思想。1058年，调朝中任著作佐郎（协助修史的官员），时年39岁。后迁崇文院校书郎，官至同知太常礼院（正三品，约相当于今副部级）。1069年（熙宁二年）辞官归家后，讲学于关中，创建“关学”学派，成为一代儒学大师。1077年（熙宁十年），病逝于临潼，时年58岁。谥号“横渠先生”。时人尊称张子，封先贤，奉祀孔庙西庑第三十八位，与周敦颐、邵雍、程颐、程颢合称“北宋五子”。著有《正蒙》《横渠易说》等传世。

张载在中国哲学史上第一次建立了比较完整的气一元论哲学体系，开辟了朴素唯物主义哲学的新阶段，在中国学术思想发展史上占有突出的地位，并对11世纪后的哲学思想发展产生了积极的影响。尤其是其所创立的关学，对后世儒家学者影响很大，北宋至清代，历代都有学习传承者。其“为天地立心，为生民立命，为往圣继绝学，为万世开太平”的名言，被当代哲学家冯友兰称作“横渠四句”，因言简意赅，历代传颂不衰。张载也是中国籍的世界历史文化名人，在国际思想学术界享有盛誉，被西方学者称为中国11世纪伟大的唯物主义思想家。德国汉学家将张载《正蒙》一书译成德文出版。新加坡出版了《吕大临易学发微》等关学著作。日本、韩国等一些大学，都把张载的关学与朱熹、王阳明的学说，作为重点学科专门进行研究。

陕北有关张载的遗址遗迹。明万历初期，宜川知县贾明孝在县城南门修建“二贤祠”，供奉胡瑗、张载。明代延安府修建“五贤祠”，亦有张载之位。清乾隆时期，在原云岩张载住处重建张子祠，人称“夫子庙”，后于同治六年（1867年）毁于“回变”。民国时期修建云岩小学时，重修张子祠大殿8间，后于20世纪80年代被拆除，今只留存“横渠遗风”匾额。当代，在云岩镇新村广场修建了一座7米多高的张载雕像。广场对面山脚下，就是张载曾经办学的崇圣书院和县学遗址，几乎难寻其迹。张载之后，宜川尚文崇教、文风鼎盛，一时领陕北风气之先。陕北民谚云：“文出两川，武看三边”。两川说的是延川、宜川，三边说的是定边、靖边、安边。

张　咏

〔北宋，客籍。946年—1015年〕

字复之，自号乖崖，别称张忠定、张乖崖，汉族，北宋濮州鄄城人（属今山东省菏泽市鄄城县籍），北宋名臣、文学家、诗人，《宋史》有其传。幼年家贫，勤奋攻书；性情耿直，不拘小节；又精于剑术，胆略武力雄壮。980年（北宋太平兴国五年），与名相寇准为同科进士，授大理评事、知鄂州崇阳县。为政清廉，治县有方，关注民生，扶植农桑；又恩威并用，惩贪官污吏，扬清廉之风，民畏而爱之。“水滴石穿”“绳锯木断”等成语皆出其口。后担任太子中允。985年至989年（雍熙二年至端拱二年）通判麟州。后担任秘书丞、浚仪县令等职务。990年（淳化元年）晋升湖北转运使。993年（淳化四年）转任枢密直学士。994年（淳化五年）知益州，任内先后平定王小波、李顺起义，张余起义，刘旰起义，抚定全蜀。宋真宗时期，张咏历任户部使、御史中丞、知杭州、知永兴军等职。1003年（咸平六年），宋真宗以其前在西蜀政绩优异，复命知益州。蜀民闻其再至，皆鼓舞自庆。1005年（景德二年），60岁时发明了世界上最早的纸币——交子，流通蜀地，被誉为“纸币之父”。1007年（景德四年）移知昇州。1010年（大中祥符三年）迁工部尚书。1011年（大中祥符四年）加礼部尚书，上疏批评宋真宗竭生民膏血而大兴土木，请斩丁谓、王钦若以谢天下。三次上章，未得答复，反遭贬，改知陈州。1015年（大中祥符八年），卒，谥忠定，追赠左仆射、爵位开国公。葬于陈州宛丘县孝悌乡谢村里。著有《张乖崖集》传世。

张咏是北宋太宗、真宗两朝的名臣，政绩卓著，尤以治蜀著称。又，诗文俱佳，重视诗歌的审美特性，讲究艺术表现，尤其善于取象、用典，继承并发展了以文为诗、以议论入诗的手法，使诗歌内蕴丰富、意境深远，体现并发展了宋诗的基本特点。他不满足于晚唐五代诗歌的绮靡与鄙陋，主张恢复古诗“疏通物理，宣导下情”的传统，所作诗歌大多真率自然，不事雕琢，朗健清丽，很有气骨。

麟州，古地名、古州名，治所在今陕西省榆林市神木市北杨家城，724年（唐开元十二年）置，宋代隶河东路，是宋王朝西北边疆重镇，与府州相邻、互为犄角向为防御夏、辽的重要屏障和桥头堡。范仲淹、文彦博、欧阳修、司马光等重臣、名士都曾因公务来此，大多为巡察军事边防事宜。张咏于985年至989年（雍熙元年至端拱二年）任麟州通判4个年头、约3年时间，在州刺史下掌管粮运、家田、水利和诉讼等事项，并对州长官有监察之责任。这一时期，麟州一带宋夏边境尚属安定，重大战事不多。尽管边疆生活艰难，孤单凄苦，但诗人在《麟州通判厅记》表露心迹，为了君王和朝廷的利益，自己甘愿忍受戍边之苦，留在麟州为国出力、为君效命，不打算马上返回中原。其间，作《新秦遣怀》《登麟州城楼》《新秦送人东归》等诗词传世。

沈括

〔北宋，客籍。1031年—1095年〕

字存中，号梦溪丈人，汉族，杭州府钱塘县人（属今浙江杭州市籍），北宋名臣、著名科学家，《宋史》有其传。出身仕宦之家，祖父曾任大理寺丞，外公许仲容曾任太子洗马。父沈周（字望之）曾在泉州、开封、江宁做过地方官。沈括幼年随父宦游各地。1063 年（嘉祐八年），32 岁时进士及第，授扬州司理参军。历官沭阳主簿、三司条例官。宋神宗时期，参与熙宁变法，受王安石器重，历任太子中允（掌管朝廷侍从礼仪等）、检正中书刑房、提举司天监（掌管立法计算、天文观测）、集贤校理（掌管收藏、校勘典籍）、史馆检讨、太常丞、三司使，知制诰、河北西路观察使，与辽国谈判使，集贤院士知宣州，龙图阁待制知审官院，知青州等职。1077 年（熙宁十年），因王安石变法不利牵连，以及诗案败露等原因，遭贬，出任知宣州（属今安徽宣城）。1080 年（元丰三年）六月至 1082 年（元丰五年）十月，出任鄜延路经略安抚使兼知延州，驻守西北边境，抵御西夏。1081 年（元丰四年）七月，北宋组织陕西、河东等进行"五路伐夏"，沈括负责留守鄜延路，策应于延、绥间，并防御西夏军偷袭，以稳定后方。战役前期，沈括命鄜延路总管种谔率军自绥德出发，沿无定河北上，一路顺利夺取了米脂、银州、石州、夏州，前锋直抵盐州（属今宁夏盐池），是宋军五路大军中唯一取得一些战绩的一路。战役后期，沈括在大力筹措支前物资的同时，以有限的兵力接连打了几个漂亮的胜仗，不但守住了防区，还趁机收复了顺宁、细浮图、吴堡、义合等寨堡，歼敌 1 万余人，有力地配合了前线的作战。1082 年三月，再收复金汤堡和米脂、葭芦等寨，极大地振奋了鄜延路军民的士气。他亲自创作《鄜延凯歌》数十曲，以歌颂胜利，激励斗志。同年秋，宋夏爆发史上著名的永乐城之战，北宋军由于主帅徐禧瞎指挥，惨遭败绩，基本全军覆没，阵亡将士约 3 万人。战后，沈括遭追责，被免去鄜延路经略安抚使之职，贬为均州（属今湖北省均县）团练副使，随州安置，政治生命就此宣告完结。晚年移居润州，隐居梦溪园。1095 年（绍圣二年），因病辞世，享年 65 岁。

沈括一生为官之余，致志于科学研究，是一个百科全书式的大科学家，在众多学科领域都有很深的造诣和卓越的成就。他详细考察了陕北山川形胜、地质、物产等，留下科学翔实的宝贵资料。在延川县永宁关（延水关）附近黄河岸边，发现一种近乎竹类的化石，他称之为"竹笋"。又在鄜延境内发现可以采集、利用的"延川石液"——后在《梦溪笔谈》中命名为石油，并作了极为详细的论述，此为我国科学史上第一人。其著作《梦溪笔谈》，内容丰富，集前代科学成就之大成，在中国及世界文化史上占有重要地位。英国著名科学史家李约瑟评价沈括为"中国科学史上的坐标""中国整部科学史中最卓越的人物""《梦溪笔谈》是中国科技史上的里程碑"。1979 年 7 月 1 日，中国科学院紫金山天文台将该台在 1964 年发现的一颗小行星 2027 号命名为"沈括"。

晁说之

〔北宋，客籍。1059年—1129年〕

字以道、伯以，汉族，济州钜野人（属今山东巨野籍），或说澶州人（属今河南濮阳籍），北宋官员，著名文学家、诗人、书画家。因慕司马光之为人，自号景迂生。“少有异才，以荫入官”，因善诗被苏轼赞为“奇才也”，并以其“文章典丽，可备著述”举荐。1082 年（北宋元丰五年），进士及第。范祖禹、曾巩等也曾向朝廷力荐他。1100 年（元符三年）知无极县。后历任监陕州集津仓、监明州船场。1114 年（政和四年）通判鄜州（属今陕西省富县）。后提举南京鸿庆宫、知成州。靖康初，召至京，任秘书少监兼渝德，不久任中书舍人兼詹事。南宋高宗即位，召授徽猷阁待制兼侍读，因病未赴。后提举杭州洞霄宫。晚年颇信佛学，日诵《法华经》，自称“国安堂老法华”，又称“天台教僧”。1129 年（南宋建炎三年），以待制侍读之位而终，享年 71 岁。

晁说之博极群书，通六经，尤精易学，在理学发展史上也有一定地位。又工诗，善画山水。主要著作有《易商瞿大传》《晁氏诗传》《晁氏书传》《晁氏春秋传》等，均佚失；今存《易玄星纪谱》《易规》《中庸传》《景迂生集》（又名《嵩山文集》）和《因说》一卷、《易归》一卷、《尧典星日岁考》一卷、《洪范小传》一篇、《诗序论》一卷、《易玄星纪图》一卷等。他与晁补之、晁冲之、晁祯之（为堂兄弟关系，均出自北宋名盛一时的山东巨野晁氏家族）都是当时有名的文学家。

北宋时期的陕北边塞诗人及其名作灿若星辰、光耀千秋，著名者如韩琦、范仲淹、沈括、晁说之、寇准、司马光、文彦博、宋祁、欧阳修、苏轼、祖无择、郭祥正、周邦彦、王珪、吕陶、沈辽、苏舜卿、穆修、梅询、梅尧臣、石介等人。但若从所创作诗歌的数量和质量综合来看，北宋一代，晁说之无疑是吟咏陕北边塞之最，其创作的陕北边塞诗达 72 首，可谓灿烂星辰中最亮丽的一颗星。这 72 首陕北边塞诗歌，基本创作于他通判鄜州（1114 年秋至 1117 年底）约两年半的时间内。这些诗作中，优秀者如《初至鄜州感事》《初至鄜州见月》《鄜州上元》《排闷》《静夜》《直罗县三绝句》《三川直罗之间作》《三川诵杜老观水涨诗》《三川》《途中对雪》《自延安回道中作》《趋延安过野猪岭》《延安江汉堂上怀范五丈龙图堂是五丈所建》等。如《自延安回道中作》其三云：“延州红胜洛州花，打剥工夫阿那家。我亦劳心添病骨，悔将黄卷负年华。”此为借描写延安万花山牡丹之景，而抒怀的一首名作。诗中“延州红”“洛阳花”都是牡丹名品，“阿那”即“阿那氏”，指的是具有北方少数民族（一说鲜卑，一说突厥）血统的花木兰后裔。

韩世忠

〔南宋，主籍。1089年—1151年〕

字良臣，早年诨号“泼韩五”，晚年自号清凉居士，别称韩忠武、韩蕲王，汉族，北宋延安府绥德州人（属今陕西省绥德县崔家湾镇纸坊沟村籍），南宋名将、民族英雄、词人，《宋史》有其传。出身贫寒，自幼为孤儿。成年后身材魁伟，五绺长髯，面色白皙，目光如电，是一个美男子。又胸怀韬略，勇猛过人，武艺高强，善使一条铁槊，可挽三百斤强弓跑马射箭。18 岁应募从军，成为北宋地方厢兵。在抗击西夏和金的战争中多次立功，曾单人攻上银州城头，斩将夺关。1121 年（北宋宣和三年）随刘延庆出兵燕山（属今北京市郊）抗击金军。后在平定各地的叛乱中也颇有建树。战绩有：“黄天荡之战”围困金兀术，“苗刘兵变”解救南宋高宗，抗金大仪镇大捷，以及平定方腊起义，平定建安范汝为、广西曹成等地的流民叛乱等。累官至太保、枢密使（宋朝次高军事长官，仅次于太师），先后晋封英国公、潭国公、咸安郡王。他为官正派，颇有正义感，不肯依附奸相秦桧，不惜风险为岳飞遭陷害而鸣不平，愤怒质问秦桧：“‘莫须有’三字何以服天下。”岳飞父子被处死后，韩世忠毅然辞去枢密使，终日借酒消愁。晚年喜好释、老，自号清凉居士。1151 年（南宋绍兴二十一年），辞世，享年 63 岁。追赠太师、通义郡王。

韩世忠是南宋一位颇有影响的军事、政治人物，更是陕北历史上十分著名的人物，是颇具代表性、文武兼备的“绥德汉”。他与岳飞、张俊、刘光世合称南宋“中兴四将”。在“南渡十将”中排名第五位。又被誉“挽强驰射勇冠三军的万人敌”，为南宋第一猛将。其性格耿直，轻财重义，平生战功赫赫，全身刀痕箭疤累累，双手仅余 4 指，还不能自如活动。治军严整，所部被称“韩家军”，与岳飞之“岳家军”齐名。又对兵器设计独具匠心，曾首创（或改进）了克敌弓、连锁甲等武器，以及骑马跳涧、洞靶射箭等战法。其文学素养也很高，有词作《临江仙》《南乡子》《题云居壁》等传世，《全宋诗》录其诗 2 首。

绥州韩氏将门世家，门楣广大，名震一时。因韩世忠之功名，其父辈以上三代皆得朝廷追封。其妻妾均有封赠，其中梁氏（巾帼大英雄梁红玉）封秦国夫人、杨国夫人。其四子（一说五子）皆有功名。长子韩彦直，进士，名将，官至光禄大夫，卒赠开府仪同三司，爵至蕲春郡公。次子韩彦朴，官至奉议郎、直显谟阁，早逝。三子韩彦质，以司空、检校太尉致仕，卒赠太傅，谥献肃。四子韩彦古，字子师，官至户部尚书。再往下的韩氏子孙也多有功名。

蕲王庙，又称韩世忠庙，位于今陕西省绥德县城西南 5 千米的一步岩。一尊高约 5 米的花岗岩雕像伫立在山门前。前殿西侧立有一座牌楼，始建于 1844 年（清道光二十四年），上有联云“恢复中原志同诸葛，再扶宋室功迈汾阳”，为时绥德知州凌树崇所撰书。

刘光世

〔南宋，主籍。1089年—1142年〕

字平叔，别称刘鄜王、刘武僖、三将军，汉族，北宋保安军人（属今陕西省志丹县籍），南宋抗金名将，“七王”之首，“中兴四将”之一，《宋史》有其传。出身北宋著名的保安军刘氏将门世家。太祖父刘怀忠，“官内殿崇班、阁门祗候”。曾祖父刘绍能“世为诸族巡检”，为敌所忌，《宋史》有传。祖父刘永年亦为北宋边将，有子刘延庆、刘延安。刘延庆有子刘光国、刘光世、刘光远，皆为边将。刘延庆颇为著名，官至镇海节度使，于 1126 年（北宋靖康元年）“靖康之变”中在汴梁城外为金乱兵所杀，殉国。刘光世以荫补入官为三班奉职，随父亲多次与西夏军作战，又多次抗击辽军入侵，累升领防御使、鄜延路兵马都监。宋徽宗初期，又随父亲南下镇压方腊起义，北上抗击辽军，连续作战中既有战功，也有逃跑之举，官职有升有降。后奉命镇压河北张迪农民起义军，因功授承宣使，充任鄜延路马步军副总管，镇守保安军一线。1126 年（靖康元年）正月，在鄜延路杏子堡击败西夏兵；十一月，金军第二次围攻汴梁，刘光世率步骑 3000 兵勤王，在行军途中得知京城已失、北宋灭亡。次年夏，辗转追随康王赵构，被封为元帅府五军都提举，遂护卫康王一路南撤。1127 年（南宋建炎元年）八月，以讨平并斩杀山东盗贼李昱之功，升领奉国军节度使，成为南宋建国后首位升任节度使的大将，官衔上追平其父刘延庆。之后，金兵大举南侵，刘光世与韩世忠等共守江南，屡立战功，升司检校太保、殿前都指挥使，封荣国公。他一手创立了南宋各路军中兵力最多的淮西军，率部抗金，但其“御军姑息，无克复志”，又贪污腐化、治军不严，收纳大批流寇叛军，故而饱受诟病。总体上，时人认为他抗金时有懈怠，“御寇”（镇压农民起义和军队叛乱等）建功颇多。1137 年（南宋绍兴七年）四月遭弹劾，称疾被罢去兵权，拜为少师，充任万寿观使、奉朝请，封荣国公，赐给第一等府第。1140 年（南宋绍兴十年）再度起用为三京招抚处置使，但未有大的建树。次年，罢为太保、万寿观使。累官至太尉、都统制，封杨国公。晚年与叔父刘延安一起研究养生茶，著有《养生论》。1142 年（绍兴十二年），卒，享年 54 岁，追赠太师，谥号“武僖”。其子孙、甥侄共 14 人俱被封官职。1172 年（南宋乾道八年）追封安城郡王。1205 年（南宋开禧元年）追封鄜王，位列“七王”之首。刘光世有书法作品《即辰帖》存世，但有学者考证，该帖当为幕僚之代笔。

刘光世仕途起步很早，作为“中兴四将”之一，虽然也有不少战功，但历史上对他和张俊的历史评价不如岳飞、韩世忠二人。刘光世之后，保安刘氏将门逐渐衰微，隐没于乡野，然其六世孙却是大名鼎鼎的明朝开国第一谋士、神机妙算的刘基（字伯温）——历史上与诸葛亮齐名的著名军师刘伯温。

李显忠

〔南宋，主籍。1108年—1177年〕

本名世辅，南归宋朝后御赐名“显忠”，字公弼，又字君赐，北宋绥德军青涧城人（属今陕西省清涧县籍），汉族（一说为内附的党项羌族，或吐谷浑族），南宋抗金名将，《宋史》有其传。祖上为将门，“由唐以来，世袭苏尾九族巡检”。自幼胆略过人，长得高大威猛、风姿卓然，武艺超群，善使双刀，人称“万人敌”；且喜读《左传》《孙子》等兵法，文韬武略兼备。17岁时，投军于其父鄜州兵马钤辖李永奇，出入战阵。1127年（南宋建炎元年），世辅与另一武士张琦一起去侦察西夏敌情，杀敌17人，夺马安全回营，被破格提拔为承信郎。后转武翼郎，充副将。1128年冬（南宋建炎二年）十一月，金兵攻克南宋延安府城（属今陕西省延安市城区），李氏父子被迫归附，父永奇被金任为鄜州路兵马钤辖原职，子世辅任鄜延路兵马都监。1137年（南宋绍兴七年），世辅归属金朝兀术（完颜宗弼，金太祖四子）麾下，升任承宣使、知同州（属今陕西大荔）。曾计划劫持金兀术南归，惜未成功。次年，李永奇父子密谋叛金归宋，事情败露，金兵杀害李永奇全家老幼200余口，仅世辅带手下26人侥幸逃脱，辗转投奔于西夏。1139年（南宋绍兴九年），他借西夏20万步骑兵进攻金延安府，孰料此时宋金议和达成，延安府又归属于南宋了。世辅遂决定趁机归附南宋，西夏军主将不答应，双方展开激战，世辅率部斩杀西夏兵1万余人，捕获战马400余匹。随即南归，“行至鄜州，已有马步军四万余”。率部进入四川，投奔于南宋四川宣抚使吴玠。南宋高宗赵构闻知，亲自召见，赐名“显忠”，时年31岁，时人誉为“忠义归宗第一将”。南归后，李显忠率南宋军与金兵反复鏖战，英勇善战，战功卓著，先后在河南、合肥、浙东、淮西等地数次击退金兀术大军，取得采石矶、平江、横山涧等几场关键性战役的胜利，使南宋朝廷转危为安。显忠也因此声名日盛，累官至太尉（朝廷次高军事长官，正二品）。1163年（南宋隆兴元年）四月，统领南宋军进行“隆兴北伐”。次年北伐失败后，先被贬果州团练副使，后移镇抚州。两年后复官防御使、观察使，浙东副总管。后又升威武军节度使、左金吾上将军，赐住所于京城，复太尉职。当时，宋孝宗特意下令悬挂李显忠画像于宫中，以壮观瞻，并压制金朝使者的气焰。1177年（南宋淳熙四年）七月，卒，终年69岁。追赠开府仪同三司，谥忠襄。

李显忠是堪称“战神”的一代名将，一生经历颇富传奇色彩，曾在北宋、伪齐、金、西夏、南宋五朝为将，一生历大小数百战，战功卓著。列南宋“南渡十将”第三位，仅次于刘锜和岳飞。列“中兴四将”第二位，仅次于岳飞。惜其未有诗文名。

李显忠祠，位于今陕西省志丹县马头山，为当代在旧庙原址上恢复重建。据明清时期地方志书上记载，陕西保安（今志丹）、安塞、安定（今子长）三县均有奉祀顺惠王李显忠的庙宇，后年久废圮。

李显忠墓，位于今浙江省绍兴市鉴湖镇马园村东秦望山北的老虎山上。原墓年久废弃，当代当地政府对其墓地、庙宇进行了恢复重建。

李 杲

〔金末元初，主籍。1180年—1251年〕

字明之，晚年自号“东垣老人”，故后世亦称李东垣，汉族，金代陕西中部县人（属今陕西省延安市黄陵县阿党乡阿党村籍），中医“脾胃学说”的创始人，与刘完素、张从正、朱丹溪被誉为“金元四大家”，《元史》有其传。其籍贯，另一说为河北真定人（属今河北省正定市籍），又有河南开封人之说。出身富裕家门，初好儒学，曾跟随时名儒、翰林学士王若虚（李杲舅父，曾任鄜州录事）、冯叔献（曾任鄜州录事）学习《论语》《孟子》《春秋》等，后又拜范仲淹之后、山东东平道教正一宫名士范炼为师，打下很深的儒学功底。20岁时，母病亡，自此立志改学医。付酬千金从师于河北易州名医张元素，尽得所学，尤以治脾胃病见长。1202年（金泰和二年），23岁时捐官为济源县（属今河南省济源市）监税官。恰当地流行“大头瘟”，他创名方“普济消毒饮”，救活瘟病患者无数。此方至今仍是中医学生必须掌握的方剂。1213年（金贞祐元年），蒙古大军进犯山东，34岁的李杲为避战乱，由济源逃往金朝首都汴梁（属今河南开封市）。为生计所迫，“遂以医游于公卿间”，开始悬壶济世的专职中医生涯，临床治疗，“明效大验”。他在汴梁行医、生活大约20年，即1213年（南宋嘉定六年）至1232年（金天兴元年）。1232年，53岁的李杲离开战火纷飞的中原移居到山东东平、聊城一带避难。这一时期，他从内伤脾胃立论，以卓越疗效解救了饱受战火与瘟病蹂躏的无数军民，终成一代名医，时称“神医”。1244年（南宋淳祐四年），64岁的李杲从山东返回河北真定（今正定）定居下来，一边行医，一边著书、授徒，先后著成《医学发明》、《内外伤辨惑论》三卷、《脾胃论》三卷、《兰室秘藏》三卷等医书，完善了以“脾胃学说”为主体的理论体系，提出“内伤脾胃，百病由生”的观点，逐步形成了中医“温补学派”，后世尊他为“补土（脾胃）派”创始人。他强调用温热性质的药物来提升人体阳气，代表方剂为“补中益气汤”。1251年（蒙哥汗元年）二月二十五日，去世，享年72岁。其弟子罗天益、王好古后来都成为享名史籍的元代医学大家，他们把老师的学术发扬光大，使李东垣的补土派和张元素的易水之学蔚为大观。李杲的部分论文及临床病例资料，经罗天益等弟子整理为《东垣试效方》等医书。

李杲在中医学诊治上独树一帜，其“脾胃论”从医学原理到养生、疾病防治等都自成体系，在中医学发展史上具有里程碑意义。该理论创立不久，就传到日本、朝鲜，在日本成为后世派的真髓。明万历年间，时人把三皇庙改为先医庙，在主殿供奉伏羲、神农、黄帝，两庑分列历代28位名医塑像，李杲居东庑第14位。

李杲墓，位于今陕西省黄陵县阿党乡阿党村（旧称珞珰村）。原墓茔占地百亩，当地人称“官陵”，今仅存遗迹。墓碑于1975年被陕西历史博物馆收存。该墓表明，这位历史上有着巨大成就的著名医学家，是一位卓越的陕北先人老乡。

薛文周

〔明代，主籍。1589年—1634年〕

字道映，号晴岚，陕西延安府安定县人（属今陕西省延安市子长市安定镇籍），明代著名廉吏。出身安定县富裕家庭，自幼性情刚直，聪颖好学，7 岁能文，14 岁入乡学，有“神童”之誉。20 岁时中进士，“雁塔题名”于长安大慈恩寺（今西安大雁塔），外放山东潍县知县。3 年任期内，清正廉洁，政绩突出。约于 1612 年（万历四十年），升任朝廷吏科给事中（正七品）。当时朝廷政治腐败，他不阿谀奉承，曾冒死上谏，弹劾魏忠贤，声名震动朝野。明神宗（万历帝）朱翊钧感其深明大义，刚直廉洁，赞誉为“天下廉吏第一”，并赐御宴彰示，下诏百官以薛文周为学习典范。但薛文周也就此得罪朝中权贵，使自己仕途蹉跎，约 10 年间一直原地踏步。1621 年（天启元年）冬，薛文周参本弹劾兵部尚书黄克缵。1625 年（天启五年），魏忠贤同党、左副都御史王绍徽仿照《水浒传》方式，将东林党士人编成《东林点将录》，其中有“地幽星病大虫户科给事中薛文周”。崇祯帝继位前后，薛文周又遭谪贬，被下放到山东掖县出任知县（具体时间待考）。任内，县衙门昼夜敞开，百姓可随时来申冤。1634 年（崇祯七年），他打算返回故乡归葬父母，途中病卒于永宁州（属今山西省离石县），享年 45 岁。众人视其行囊，只奏议数卷，俸金十两，别无长物。《伦彝法戒·廉洁类》载：“薛文周，陕西延安安定人，矢志淡泊……天下廉吏第一。”安定县百姓为彰显其美名，在县城内修筑了一座高大石牌坊，名为“柬垣坊”，上书“青琐名臣”四字，惜牌坊及题字今均无存。

马汝骥

〔明代，主籍。1493年—1543年〕

字仲房，号西玄，陕西延安府绥德州义让里人（属今陕西省绥德县满堂川乡马家川村籍），明代文学家，嘉靖年间大臣、廉吏，《明史》有其传。祖籍山西，宋时其祖先因避兵乱移居绥德，遂占籍。家族为当地名门望族。出生于山西夏县（时其父任夏县训导），“归籍绥德”，后移居绥德城内东门墕。自幼聪颖好学，才思出众。1512 年（正德五年），18 岁举乡试。1517 年（正德十二年），25 岁中进士，选为庶吉士，授翰林院编修。1519 年（正德十四年）春夏，与舒芬、崔桐、江晖、王廷陈、曹嘉和汪应轸等7 人联名上疏明武宗朱厚照，建议放弃南巡计划。武宗震怒，罚马汝骥等在午门外下跪5 日，并责打 30 杖。后贬官为泽州（属今山西晋城）知州，任内清正爱民，惩贪铲恶，离开泽州时，当地士人乡民念其清廉恩德，扶辕相送至郊外，依恋不舍。1521 年（正德十六年）明世宗（嘉靖帝）即位，召马汝骥回京，依旧作翰林院编修。1525 年（嘉靖四年）《武宗实录》编成，汝骥因有参与纂修之功，升任翰林院修撰（从六品）。1526 年（嘉靖五年）母王氏卒，汝骥归家守制 3 年。约 1529 年（嘉靖八年）复出，任两京（北京、南京）国子监司业。后升南京通政司右通政（正四品），再任南京国子监祭酒（国子监最高长官，从三品），主持太学，治学严谨，管理有方。1541 年（嘉靖二十年）晋升为礼部右侍郎（从二品），时严嵩为礼部尚书。后加授马汝骥翰林侍读学士。1543 年（嘉靖二十二年），以肺病卒，享年 51 岁。朝廷追赠尚书，谥“文简”。

马汝骥德行高尚，急公奉国，许多大臣都说他“立朝沉毅有大节”。为政廉洁，两袖清风，病故后“贫无以为殓”。学识渊博，精于文章，尤善诗词，时人赞“才子”。所著《西元集》八卷，入选《四库全书》流传于世。还参与编修《武宗实录》。

明代绥德州马氏，名望显赫乡里，播名遐迩。马汝骥祖父马永盛，父马骢（世称燕山公，为岁贡，曾任夏县训导、万全教谕、绥德县教喻），皆因汝骥官至礼部侍郎而被朝廷“封赠”礼部侍郎。汝骥兄弟 4 人，均以“骏马”命名，依次为汝骏、汝骥、汝骕、汝骅。其中，长兄汝骏，岁贡（生），官至知县。三弟汝骕，“封赠”汉阳府知府。四弟汝骅，岁贡，散官。马汝骥子逢乾，岁贡，恩荫为四川保宁府同知（正五品）；马一乾，岁贡。马汝骥侄辈，马汝骕子于乾、以乾均为举人；马汝骅子崇乾，为拔贡，曾任县丞（正八品）。侄孙辈，马御丙，举人，曾任汉阳府知府（正四品）。

马汝骥衣冠冢，在今陕西省绥德县满堂川乡郭家沟村河西岸，过去曾有牌楼、石人、石马，今无存。

余子俊

〔明代，客籍。1428年—1489年〕

字士英，别称余肃敏，汉族，四川青神县人（属今四川省乐山市夹江县青州乡金星村籍），祖籍京山（属今湖北省荆门市），明代中期一代名臣，对榆林早期开发建设功劳很大。出身仕宦之家，其父余祥曾任户部郎中（正五品）。余子俊10岁丧父，幼有大志，异于常人。1451年（景泰二年）登进士第，授户部主事。后晋户部员外郎，在户部当差10年，以廉洁奉公著称。1460年（天顺四年）出任西安知府，修筑“余公渠”，西安府治理居关中七府之冠。1466年（成化二年）出任陕西右参政，督三边军饷；次年，晋升陕西右布政使。1470年（成化六年）转任浙江左布政使。1471年（成化七年）正月擢升右副都御史（正三品）、巡抚延绥（镇）。在延绥镇任上，苦心经营，新筑延绥“二边”、修补“大边”长城；并将延绥镇治从绥德迁移到榆林，加固和扩建榆林卫城；开办榆林卫学，凿渠兴农，鼓励发展生产。其政绩卓著，时与徐廷璋、马文升并称“关中三巡抚”。1476年（成化十二年）十二月调任陕西巡抚。1477年晋升兵部尚书（正二品）。1483年（成化十九年）转任户部尚书，不久加封太子太保（从一品）。1484年（成化二十年）兼任左副都御史，总督大同、宣府的军务，同年冬天调回朝廷。1486年（成化二十二年）二月，因宦官诬陷，被削去太子太保衔，致仕回乡。次年正月复任兵部尚书。1489年（弘治二年），卒，享年61岁。追赠特进光禄大夫、太保（正一品），谥号肃敏。

余子俊才兼文武，善作文，亦能诗。著有《余子俊奏议》《余肃敏公奏议》等，大部分今已佚。《明史·艺文志》载有《余子俊奏议》六卷，《皇明经世文编》录有《余肃敏公文集》一卷，《四库禁毁书丛刊》录有《余肃敏公奏议》三卷。明代大臣丘浚在《兵部尚书余肃敏公子俊传》中评价说：“今余公之建功，在延绥、环庆之间，盖二公（范仲淹、韩琦）故壤也。而榆林边墙之修，延袤余二千里，虏人望望而去，边民优游以嬉者，余二十年矣。”清代重臣张廷玉主修的《明史》中评价说：“余子俊尽心边计，数世赖之。”

余子俊纪念馆，位于今陕西省榆林市榆阳区沙河公园内，2017年落成。纪念馆以余子俊主政延绥、兴建榆林长城为主题内容，图文并茂地展示了榆林城历史变迁和余子俊的功德。

涂宗濬

〔明代，客籍。1551年—1621年〕

也作涂宗浚，字镜源，江西南昌人，明代著名边将、文学家，《明史》有其传。少年时师从丰城李材，得其真传。1583年（明万历十一年）中进士，初任黄冈知县。任内颇有声望，当地百姓感其恩德，建立生祠并塑像祭拜。后升山东道御史，先后巡按广西（1592年，万历二十年）、河南（1595年，万历二十三年）、山西、顺天（1599年，万历二十七年）等多地，十余年间，所到之处，皆能体察民间疾苦，帮助百姓办实事，政绩突出，风纪凛然，一时名声大起。1606年（万历三十四年）擢都察院佥都御史（正四品）、巡抚延绥。任内积极开展对敌作战，刚到任就与河套鞑靼及回部等连打3仗，三战三捷，因功升右副都御史（正三品）。此后多次打败河套鞑靼回部酋长猛克什力、沙计等所部，同时修葺加固堡垒、墩台等战备设施。特别是于1607年（万历三十五年）四月至次年七月，修筑成天下闻名的"万里长城第一台"——榆林镇北台，并亲撰《镇北台记》，其中名句"夫天下虽安，忘战必危"广为流传。又大力兴办文化教育事业，整修榆林书院，维修文峰塔（也作文笔塔，即今凌霄塔）。1611年（万历三十九年）擢宣大、山西等处总督（正二品），兼兵部侍郎；同年因病辞官归乡。1614年（万历四十二年）迁兵部尚书、右副都御史。但他笃志讲学，上疏未赴。再加封太子太保（从一品），荫升一级。1621年（天启元年）六月，辽东战事紧急，朝廷诏令涂宗濬以原官起复，任提督陵京军务，行至新城病重，回京面见皇帝时已无法行礼。未几，卒，时为1621年（天启元年）九月。赠少保，谥恭襄，与祭葬如例，荫子。

涂宗浚既是一代名臣，也是文化大家。其学问博深，素来精通《易》学，又深谙程朱理学，曾刻印过多种儒家经典著作。著有《阳和语录》《证学说》《延诗草》《续韦斋易义虚裁》八卷等存世。《明史》载："涂宗濬四为县令，并著贤声。早年担任监察御史十余年，巡按广西、河南、山西、顺天，所至急民疾苦，政皆有声。壮年在边镇戍边时，持大体，擅边事，能得将士心，多有成就，为朝野瞩目。一生慷慨许国，不竟其用。去世后，天下莫不惜之。"

王 琼

〔明代，客籍。1459年—1532年〕

字德华，号晋溪，别署双溪老人，别称王恭襄公，山西太原人（属今太原市南郊刘家堡村籍），明朝中期名臣、名将、诗人。出身仕宦家族，从小受到父辈理学熏陶，读书务明体实用，不喜老生常谈，慨然有志当世之务。1484 年（成化二十年），26 岁登进士第。次年官授工部主事。1493 年（弘治六年）升任工部主管水利的都水郎中（正五品），出治漕河 3 年。1496 年至 1505 年（弘治九年至十八年）的 10 年中，先后升任山东、河南参政，河南布政使。1506 年（正德元年）擢右副都御史（正三品），治盐两淮；次年，入为户部右侍郎（从二品）；1508 年（正德三年）春改任吏部左侍郎，但随即被宦官刘瑾借故排挤到南京“留守”朝廷任职。后刘瑾伏诛，王琼回京复任户部左侍郎。1512 年（正德七年）补户部右侍郎兼左佥都御史，1513 年（正德八年）晋户部尚书（正二品），1515 年（正德十年）改兵部尚书，1520 年（正德十五年）转吏部尚书，1521 年（正德十六年）为谏官弹劾谪贬至绥德从军。1527 年（嘉靖六年），明世宗怜悯王琼年迈多病，准其返回太原老家赋闲。1528 年（嘉靖七年）初，因西北边事紧急，朝廷诏令起复王琼“以兵部尚书兼右都御史总督三边军务”，时已 70 岁高龄，二月接旨，十二月进驻嘉峪关。之后又为安定边防，驰骋于西北疆场整整 4 年，建功丰硕。1531 年（嘉靖十年）冬被朝廷召回，改任吏部尚书。次年，卒于北京任所。赠太师，谥恭襄。长子王朝立扶灵柩回籍，安葬蒙山脚下。1533 年（嘉靖十二年），诏建专祠于晋溪园之西，即今太原王琼祠。

王琼 26 岁入仕，仕宦计 48 年，历事成化、弘治、正德、嘉靖四朝，由工部主事稳步渐次升迁至户部、兵部和吏部尚书。因执掌兵部，立有殊勋，连进“三孤”“三辅”。主持治理漕河，平定朱宸濠叛乱，尤其是加强西北边防，功绩显著。后世将他与于谦、张居正并称“明代三重臣”。又颇通学问，善诗文，著有《西番事迹》《北边事迹》《晋溪奏议》等传世。

陕北有关王琼的遗址遗迹。1521 年（正德十六年），明世宗继位，谏官上书请求治王琼罪。廷议王琼以触犯结交皇上左右侍卫（钱宁、江彬等人）的律令，应被判处死刑，但嘉靖帝念其经略陕西边防有功，发慈悲，免死，谪戍庄浪卫（属今甘肃省平凉市庄浪县）。王琼上书言自己年老体衰，请求就近安置绥德卫（治所属今陕西省绥德县）充军，朝廷同意。其时他 63 岁，此后在绥德一待 5 年多，隐居于绥德县城北 1 华里处大理河与无定河交汇的五虎山，依山凿洞而居。1522 年（嘉靖元年），陕西按察使桑汝公至石洞，亲书“晋溪洞”（现被列为绥德县级文物保护单位）。谪戍绥德期间，王琼留下不少吟咏陕北的边塞诗，包括《绥州即事》《登城》《游天宁寺歌》《呜咽泉》《月宫寺》《驻兵花马池》《九日登长城关楼》《阅视征西将军周尚文墙堑》等。晚年在太原家中又写下《晋溪杂咏十首》，也涉及西北及陕北边事。

曾 铣

〔明代，客籍。1509年—1548年〕

字子重，号石塘，汉族，《明史》载其籍贯为江都人（属今江苏省扬州市江都区籍），明代名臣、抗击鞑靼名将。祖居地为浙江台州温岭县松门镇甘岙村，出生地为台州黄岩县仓头街（属今台州市黄岩区曾家巷）。父亲曾贾是一位商人，家境平常。曾铣少有大志，12 岁即出口成章，以松门南之“石塘”自号。父经商结识江都好友，托友将曾铣携至江都，延师督课。曾铣为就地应试科举，遂落籍江都。成年后丰神俊异，一表人才；又文武兼备，沉毅有胆略，不苟言笑，善于用兵。1529 年（明嘉靖八年），20 岁时中进士，始任福建长乐知县，任内政通人和。任满迁朝中监察御史，巡按辽东，妥善处置辽阳兵变。1541 年（嘉靖二十年）擢升大理寺丞（正五品）。后晋升右佥都御史（正四品），巡抚山东，期间平定了刘仪之乱。1545 年（嘉靖二十四年），受命以原职提督雁门关等处，并巡抚山西。到任后，修筑边墙，制造火器，并在浮图谷（属今河北涞源）与河套鞑靼首领俺答的较量之中获全胜。1546 年（嘉靖二十五年）夏，以兵部侍郎衔（从二品）出任“总督陕西三边军务”，管辖陕西“三边四镇”（三边指延绥、宁夏、甘肃三巡抚，四镇指延绥镇 / 榆林镇、宁夏镇、甘肃镇、固原镇 / 陕西镇）。刚到任，就指挥了著名的“定边之战”，亲自率领数千兵士进驻塞门寨（位于今陕西省延安市安塞区城北 60 千米之镰刀湾乡政府驻地对面），抗拒俺答所部 10 万余步骑兵；同时派遣中军参将李珍带领一支精锐部队，趁夜出击，出其不意，偷袭敌军马梁山（今榆林城西北）老营（河套鞑靼巢穴），大败敌军，斩杀 100 多人。同年底，向嘉靖帝上《请复河套疏》，朝廷同意曾铣所提建议，但因陕西、延绥、宁夏诸镇不积极配合而未果。在抗击河套鞑靼过程中，他发明了火炮阵、“沉竹篓”等多种战法，以及“慢炮”、地雷等多种武器。正当他守疆戍边、节节胜利之际，却遭朝中大奸臣严嵩的陷害，诬陷他掩败不报、克扣军饷、贿赂首辅夏言等罪状。嘉靖帝昏聩，偏听谗言，致使曾铣于 1548 年（嘉靖二十七年）六月被含冤处死于北京西市，年仅 39 岁。曾铣一生为官清廉，死后家无余财，锦衣卫抄其家时搜出的银钱不足 50 两。1567 年（隆庆元年），曾铣冤情得以昭雪，明穆宗追赠其兵部尚书，谥襄愍，归葬江都。万历中期，明神宗降旨在陕西甘泉县建祠（今无存）；在浙江台州黄岩县（属今浙江省台州市黄岩区）城北建“三边总制坊”和“曾铣节制三陲坊”，后世历代沿袭，所在巷今名“曾铣巷”。

曾铣案是 16 世纪明朝政坛最大的冤案，天下人都说可与宋朝岳飞冤案比拟。后人将曾铣冤案编成戏剧《盘夫索夫》，成为名剧。

惠世扬

〔明末，主籍。生卒年不详〕

字抑我，号元儒，陕西延安府清涧县小岔则人（属今陕西省清涧县宽州镇小岔则村籍），明代大臣，著名的东林党士人。约生活于明万历前期至清顺治初期。出身仕宦家族，祖父惠之翰，字伯召，嘉靖三十四年（1555 年）举人，官至山西大同通判。父惠承芳，号静所，万历二十二年（1594 年）中举，授南京工部主事，时常讲授周程之学，人称“关西夫子”，后升北京户部主事，辞官告归。惠世扬兄弟五人，皆为读书人。惠世扬于万历三十一年（1603 年）中举，三十五年（1607 年）甲辰科进士，初授华阳（治所在今四川成都市双流区境内）知县。因政绩显著，擢升刑科给事中（从七品），任上能直言进谏，刚正不阿，名满海内。天启（1621 年至 1627 年）初期，朝廷内党争炽烈时，他曾“讽议朝政，裁量人物”，先后上书弹劾首相方从哲、阁臣沈准等，为阉党所侧目，必欲置之死地。1625 年（天启五年），魏忠贤的同党左副都御史王绍徽仿照《水浒传》的方式，将东林党士人编成《东林点将录》，惠世扬被冠名“天猛星霹雳火大理寺少卿惠世扬”，与杨涟、左光斗、周朝瑞、袁化中同为“东林五虎将”。随即被阉党罗织罪名诬告，天启帝昏庸，诏令将惠世扬削籍夺诰，下诏狱，备受酷刑，等待处决。1627 年（天启七年）八月，明熹宗驾崩，崇祯帝继位；九月，惠世扬得以昭雪，任大理（寺）卿（正三品）。不久晋刑部左侍郎（从二品）。崇祯十五年（1642 年）五月被推为阁臣（内阁大学士的别称，也称辅臣），九月被朝中大僚肆意造谣诬告，崇祯帝偏听流言，下令革惠世扬职。他就此还乡，一度寓居宜川，诗酒自慰。崇祯十六年（1643 年）以副都御史（正三品）复起，因战乱道阻，逾期未赴，再被削籍为民。明朝灭亡后，一说他不知所终。事迹散见《明史》诸籍，有诗作存世。其次子惠渐（？—1643 年），原名同宽，字硕亨，官至抚夷守备。

另一说：惠世扬后曾在李自成的大顺政权为官，居大学士、右平章（相当于右宰相），与左平章牛金星平起平坐，李自成兵败后又投降清朝。晚年回到陕西故乡清涧县养老。当时延绥镇副总兵王永强举义旗起兵反清，惠世扬受邀参加，起义军兵败关中美原镇后，王永强战死（一说自缢），惠世扬下落不明。

惠世扬善诗文，其《壶口》诗云：“源出昆仑衍大流，玉关九转一壶收。双腾虬线直冲斗，三鼓鲸鳞敢负舟。桃浪雨飞翻海市，松崖雷起倒蜃楼。鳌头未可寻常钓，除是羽仙明月钩。”本诗为古代吟咏黄河壶口瀑布的上乘之作。单就“玉关九转一壶收”一句，把壶口的壮美特点写得淋漓尽致，用笔传神，意境盎然，数百年来似乎无出其右者。

王嘉胤

〔明末，主籍。？—1631年〕

汉族，陕西延安府葭州府谷县皇甫川堡人（属今陕西省府谷县黄甫镇大宽坪村籍，一说小宽坪村籍），明末陕北农民起义军早期领袖，王自用、高迎祥、李自成、张献忠都曾属其麾下。出身农民家庭，家境贫寒，十几岁失去双亲。天生胆大、性豪爽，身体强壮，臂力过人，喜欢习武，善使一对铁锏。成年后曾在延绥镇定边营当边兵，后被裁减回乡，成为流民，居无定所。1628 年（崇祯元年）十一月，因年荒乏食，王嘉胤联络同乡吴延贵、杨六、不沾泥等率饥民近百人揭竿而起，反抗腐朽的明王朝，从而揭开明末农民大起义的序幕。不久，上年在关中发动起义的白水县王二率队北上，主动与王嘉胤汇合，义军合兵五六千人，转战于黄龙山区。与此同时，高迎祥在安塞，“王左挂”王子顺在宜川，王自用（王和尚、紫金梁）在延川，“不沾泥”张存孟在绥德，张献忠在米脂，等等，也相继发动起义，一时起义烽火燃遍秦、晋、甘、宁等地区，各路起义队伍累计 2 万多人，互相呼应，协同作战，官军一时奈何不得。1629 年（崇祯二年）二月，王嘉胤、王二率义军南下进攻延安、靖边、庆阳等地，战事不利，王二被俘遇害，王嘉胤被迫率部进入黄龙山区休整。1630 年（崇祯三年）正月，王嘉胤指挥义军北上，迅速袭击了延安、庆阳两府，之后相继攻陷府谷、神木等数个县城、堡寨，起义军兵力达数万人，愈战愈强，官军丧师失地；同年十一月，王嘉胤率军从神木渡黄河进入山西省兴县境内，又向北攻占保德州，进逼河曲。这时，高迎祥、张献忠、王自用等也先后率部来河曲与王嘉胤会合，义军各部共推王嘉胤为王。王嘉胤以河曲为根据地，自号“横天一字王”，“置百官”，并封王自用为左丞相兼军师，整编义军为三十六营，沿黄河两岸开辟势力范围，初步形成了农民割据政权。在河曲被官军围攻长达 6 个月后，王嘉胤于 1631 年（崇祯四年）四月被迫放弃河曲，率领义军向山西南部撤退，且战且退，攻克了晋东南的泽州（属今山西晋城）、潞州（属今山西长治），在山西阳城（属今太原市南）、沁水一带与当地义军汇合。同年六月，王嘉胤于醉酒睡梦中被官军策反的义军将领、叛徒张立位等人阴谋杀害，终年 40 多岁。

王嘉胤是我国明末农民起义的先驱人物，鼎盛时麾下义军有号称 20 多万人（实际作战部队七八万人），转战于陕北、山西黄河两岸广大地区，声震朝野，极大地动摇了明王朝的根基，为后来李自成灭明奠定了基础。他从发动起义到牺牲只有 3 年多时间，如同流星划过天空，但其点燃的农民起义烈火最终摧毁了大明王朝，其历史功绩千秋不朽。几百年来，其事迹在陕北大地上广为流传，极富传奇色彩，是陕北历史上一位很有影响的伟大人物。北京中华世纪坛上镌刻的“影响中国历史进程的 60 位伟人”名录中，王嘉胤占有一席之地。

王嘉胤纪念馆（王嘉胤祠），在今陕西省府谷县宗常山真武庙内，异常简陋，只有一间房。另在府谷县墙头农业园区有“嘉胤文化广场”，矗立着一座约 3 米高的王嘉胤石雕像。

高迎祥

〔明末，主籍。？—1636年〕

一名如岳，汉族，陕西延安府安塞县人（属今陕西省延安市安塞区王家湾乡高家川村籍，一说安塞区谭家营乡龙安村籍），明末农民起义军著名领袖，第一代“闯王”。其生年、家世和早期经历待考。祖上世代务农。高迎祥早年迫于生计，曾以贩马、贩私盐为业，又曾为边兵（镇兵）。平素仗义疏财，好打抱不平，颇受乡里拥戴。又性格沉稳，富有谋略；膂力过人，善骑射，上阵常着白袍白巾，身先士卒。据陕北地方志等史料记载：1628 年（崇祯元年）十一月，高迎祥与弟高迎恩等人率领饥民、军户和驿卒，响应府谷王嘉胤起义，在安塞县揭竿而起（另一说，高迎祥先在甘肃镇城兰州当兵，后起事，啸聚东山，聚众百余），打开地主粮仓，救济饥民，数日内起义队伍扩大至数千人。后转战至黄龙山区与王嘉胤起义军会合。1630 年（崇祯三年）十一月随王嘉胤、王自用部，东渡入晋作战。1631 年（崇祯四年）六月，在晋的陕北义军领袖（总盟主）王嘉胤牺牲后，继任领袖王自用将义军残部整编为“三十六营”，高迎祥为主要将领之一，在诸路义军首领中享有很高威望。1632 年（崇祯五年）五月，王自用在河南济源战斗中牺牲（一说病逝）后，“三十六营”瓦解，高迎祥率义军诸部南渡黄河，经河南转战至湖北、陕西、四川等地。其部机动灵活、战斗力强悍，高本人被众义军推举为“闯王”，总领（非直辖）义军各部；李自成这时为高迎祥部属，号为“闯将”。1635 年（崇祯八年）正月，各路义军在河南举行“荥阳大会”时，高迎祥为楚豫“十三家”七十二营义军队伍之首。随后，率李自成、张献忠等部义军东征，一路攻城略地，最后攻破朱元璋老家凤阳府，摧毁明帝祖陵。同年五月，高迎祥与各路义军会师陕西，合兵 20 万人，连营 50 里，直逼西安，但因官军洪承畴、曹文诏死守，未能克西安。高迎祥、李自成遂移兵西攻平凉，设伏宁州湫头镇，诱杀官军曹文诏、艾万年两员大将。九月，高迎祥、李自成、张献忠合兵，与明陕西三边总督（时实际总督河南、山西、陕西、湖广、四川五省军务）洪承畴大战于关中，义军失利。1636 年（崇祯九年）七月，高迎祥率军出汉中，穿秦岭子午谷，谋攻西安，行至黑水峪（属今陕西周至县黑河水库）时遭陕西巡抚孙传庭所部官军的伏击，义军战败，高迎祥身负重伤被俘；两个月后，在北京被明廷下令凌迟处死。其残部归于李自成统领，后者继承“闯王”名号，继续与官军作战，最终于 1644 年（崇祯十七年）春攻破北京城，推翻了腐朽的明王朝统治。

高迎祥是明末陕北农民大起义的先驱之一，李自成、张献忠、罗汝才、马守应等著名义军首领，都曾是他的属下。他驰骋西北、纵横中原近 10 年，转战陕、晋、豫、皖、湖、广等广大地区，身经百战，民心归望，朝廷震动，为后来李自成建立大顺政权、摧毁明王朝，奠定了坚实基础。他是陕北历史上一位非常了不起的人物。

李自成

〔明代，主籍。1606年—1645年〕

本名鸿基，乳名黄来娃（儿），一说小字（小名）硙生，先后诨号“闯将”“闯王”，后在西安建立大顺政权时改名“自晟”，汉族，陕西延安府绥德州米脂县怀远堡双泉里李继迁寨人（今陕西省榆林市横山区殿市镇李继先村籍。也可作米脂县籍），明末农民起义著名领袖，明末清初农民割据政权——大顺国开国及仅有的皇帝。祖籍米脂县太安里二甲，为唐末党项羌拓跋族平夏部后裔，宋初夏州党项羌首领李继迁的嫡系后人，相传“生在李继先（李继迁寨），长在长峁墕（村）”（两地均属今榆林市横山区境内）。出身佃户（一说军户，专司养马），家境贫寒，年少时读过私塾，粗通文字。曾给地主家放羊、放马，还在家乡务农和帮父亲贩卖瓷器，学做过酒佣、铁匠、佃农等，又拜师习得武艺。1626 年（天启六年），20 岁的李自成投军为米脂城西 40 千米的银川驿（今榆林市横山区党岔镇）驿卒，精于骑射。1628 年（崇祯元年）春，朝廷下令裁减驿卒，李自成因犯有丢失公文和损坏公物（跑死了两匹驿马）之过失正好在被裁之列，返乡后被推举为里长；夏，被米脂富绅艾同知（致仕官员。名艾应甲，字念槐，曾任赣州府同知）逼债送官，于烈日下捆绑于街头暴晒，受尽凌辱。后在朋友帮助下侥幸逃脱，他便号召饥民造反，一呼百应，于米脂县城外西边聚起数百人队伍，出没于山林之中；秋冬之际，率部队参加了时在绥德州城一带作战的“王左挂（子）”（王子顺。一说王之爵）农民起义军。十一月，王左挂被官军俘杀后，李自成于米脂西川（今陕西省子洲县、绥德县境一带大理河）改投“不沾泥”张存孟起义军，被编为八队，担任队长，勇猛有识略，号为“闯将”。1631 年（崇祯四年）四月，张存孟在陕北战败后归附官军，李自成不从，率残部东渡黄河，进入山西作战，与高迎祥义军汇合，但仍保持相对独立。同年，他与“闯王”高迎祥等一道，成为王自用“三十六营”首领之一。1635 年（崇祯八年）正月，各路义军在河南举行“荥阳大会”时，高迎祥为“十三家（七十二营）”之一，时李自成隶高迎祥麾下。会上，李自成提出分兵定向、四路攻战的方案，得到各部义军首领的赞同，声名鹊起。1636 年（崇祯九年）七月，高迎祥牺牲后，李自成继承“闯王”名号，率部在河南、陕西一带作战。当时，中原灾荒严重，社会阶级矛盾极度尖锐，李自成采纳李岩提出的“均田免赋”等口号，获得百姓的欢迎，部队迅速发展至百万之众，成为各路起义军中的主力军。1643 年（崇祯十六年）三月，在襄阳称“新顺王”，随后在河南汝州歼灭陕西三边总督孙传庭的主力，同年底乘胜进占西安。1644 年（崇祯十七年）正月初一日，在西安称帝，国号“大顺”，年号“永昌”，建立农民军中央政权；三月中旬攻克北京，推翻明王朝；四月下旬，在山海关一片石被原明朝辽东总兵吴三桂率领的故明军与清朝多尔衮率领的八旗兵联军击败，于当月二十九日在北京紫禁城匆忙登基称帝后，次日退出北京，一路败逃至西安。此后，率军在河南、陕西、湖北等地抗击清军。1645 年（清顺治二年）三月，大顺军逼走南明大将左良玉，占领武昌。清军分水陆两路突然袭来，李自成仓促弃武昌向东南进发。同年五月初二日，在湖北省通山县九宫山脉小月山牛迹岭元帝庙遭当地民团武装误杀。

李自成行宫，位于今陕西省米脂县城北的盘龙山上，为陕北别具一格的宫殿园林建筑群，现为全国重点文物保护单位。相传由李过于 1643 年（明崇祯十六年）主持修建。

李自成墓，位于今湖北省通山县九宫山脚牛迹岭，现为全国重点文物保护单位。

张献忠

〔明末，主籍。1606年—1647年〕

小名八旺，字秉吾，号敬轩，诨号“八大王”，汉族，陕西延安府庆阳卫定边营柳树涧堡人（属今陕西省定边县郝滩镇刘渠村籍），明末农民起义著名领袖，是农民割据政权——大西政权（约辖今西南川、渝、黔、云地区）的建立者，大西开国及仅有的皇帝。出身军户家庭，家境略好。少时读过私塾，粗通文学；又随父亲做小生意，走南闯北，见多识广。成年后，《明史》说他“长相奇伟”“声如洪钟”，有英武之气，身材瘦长，气力过人，面皮微黄，别称“黄虎”（一说黄虎另有其人）。1622 年（明天启二年），17 岁时以世袭军户身份参军，当了定边营一名塘兵，负责传递军事情报。后又为延安府安定县（属今陕西省延安市子长市）捕快，因犯事被革职。天启末期，在延绥镇当兵，犯法当斩，幸被延绥镇西路（驻定边营）副总兵陈洪范说情，重打一百军棍除名了事。从此流落陕北乡间，居无定所，抱愤谋生。1630 年（崇祯三年）十二月，神一元、神一魁兄弟在宁塞营率边兵哗变造反，张献忠就投奔了他们，充当红旗营先锋，自号“八大王”。1631 年正月神一元攻打保安（属今志丹县）兵败牺牲后，张献忠改红旗营为西营，故又称“西营八大王”。同年六月，他与罗汝才等占据米脂西川（属今子洲县境大理河）吴家山、党家坪、薛家崖等数村十八寨，响应府谷王嘉胤起义军，属下有 1900 余众的饥民和逃兵，自成一军。因其有一定文化，又接受过军事训练，加之为人多智谋、果敢勇猛，很快就显示出杰出指挥才能，成为陕北各路义军中的一位重要首领。同年八月，因战事不利，他接受官府招抚，假意投降。1632 年（崇祯五年）又复起兵造反，转战山西，成为以王自用为盟主的“三十六营”十八首领之一，战斗力强悍。1633 年（崇祯六年）夏，王自用在河南济源阵亡后，张献忠随高迎祥转战晋、豫、陕等地，所部是以高迎祥为盟主的义军“十三家（七十二营）”之一。从此，张献忠或自成一军，或与义军大部队行动，转战于陕西、山西、河南、安徽、湖北、四川等地，屡屡取胜，队伍规模也由几千人发展到数万人，在义军与官军的作战中发挥着举足轻重的作用。先后率部克凤阳、焚皇陵，破开县，陷襄阳，转战中原、西南及长江流域一带，胜战连连。又时降时叛，反复无常，令明廷大为头疼。1640 年（崇祯十三年）进兵四川，初步建立根据地。1643 年（崇祯十六年）五月攻克武昌，称“大西王”。1644 年（崇祯十七年）十一月于成都称帝，建国号“大西”，改元“大顺”。不久，清军南下征剿，张献忠引兵北上抗拒。1647 年 1 月 2 日（清顺治三年十一月二十七日），在四川西充凤凰山被叛徒指认，中箭牺牲，年仅 41 岁。之后，大西军余部走上了“联（南）明抗清”的道路，至 1662 年（康熙元年）李定国余部才被彻底镇压下去。

张献忠是明末清初与李自成齐名的两大著名农民起义领袖之一。过去，封建统治阶级把他诬蔑为“杀人狂”“屠夫”等，当然不是历史的真相，而是清朝统治者及其御用文人们的恶意中伤。虽然张献忠性格凶暴，有着很大的历史局限性，但他依然是一位敢于反抗暴政、矢志抗击异族的伟大历史人物，是一位出类拔萃的陕北先人。

孙可望

〔明末清初，主籍。？—1660年〕

原名孙可旺，又名孙朝宗，小名旺儿，字茂堂，号莲山，陕西延安府延长县人（属今陕西省延长县籍），明末张献忠农民起义军的主要将领之一，南明永历时期权臣，后投降清朝被封为“义王”，入列清乾隆《钦定国史贰臣表传·贰臣传乙》卷七十九。祖上累世为农。从小习文练武，臂力过人，能左右开弓。少年时为商贩学徒，走南闯北，阅历丰富。成年后身材不高，其貌不扬，但剽悍异常，胆略过人；又粗识文字，且重情重义。1630年（明崇祯三年）张献忠在陕北反动起义后不久，孙可望于经商途中被张献忠部队俘获，就此加入农民起义军。因其善解人意，深得张献忠的喜爱，被认作养子（义子），赐名张可望，为张献忠众多养子中之长子。又因其骁勇异常，极会用兵，尤其是善于防守，故在军中获得诨号“一堵墙”。1638年（明崇祯十一年）张献忠偷袭南阳身负重伤，孙可望拼死力战，率众冲出重围，救了张献忠一命，故在军中颇具威信。1644年（崇祯十七年）八月，张献忠在四川成都建立大西政权后，孙可望被封为平东将军，位列群臣之首，居东王府，节制文武。1646年（清顺治三年）冬，张献忠在四川西充凤凰山与清军作战中箭牺牲后，孙可望、李定国等率大西军余部南下攻占川东、重庆一带。后渐次进占贵州、云南地区，部队扩大至20余万人，坚持抗清。1651年（顺治八年），孙可望及大西军余部改投南明永历政权。次年正月，他派人将永历帝朱由榔接到自己的势力范围——贵州安隆所，改名安龙府（属今贵州省安龙县），作为南明的行在，以达到“挟天子以令诸侯”之目的。他坐镇贵阳，号称国主，事事遥制指挥。永历帝则成为傀儡，事事仰人鼻息。孙可望为人残暴，为谋封秦王，先后击杀南明大学士等30人，动辄使用酷刑。并与李定国不合，导致兄弟内讧。随着李定国战功累积和实力增强，孙可望猜忌日盛。1657年（清顺治十四年），孙可望率14万人从贵州入云南进攻仅有3万人的李定国部。因部将倒戈不敌李定国，穷蹙降清，隶属汉军正白旗，引清兵入四川、云南、贵州。因进献之功，被清廷封为“义王”，为有清一代汉人封王的五人（孔有德、耿仲明、尚可喜、吴三桂、孙可望）之一。1660年（顺治十七年），病逝（一说随顺治帝出猎时被皇家禁卫军射杀，又一说被清廷用毒酒毒死）于北京。卒后，赐谥恪顺，由其子孙征淇袭封义王。几个月后孙征淇病死，弟孙征淳承袭。

孙可望一生颇为传奇，也颇具争议。历事张献忠、永历帝、顺治帝三主，个人能力突出，位高权重，为一代乱世枭雄，但结局凄凉。只因其野心太大，一心想自己称帝，而与李定国兄弟之间刀兵相见。作战失败后，又选择降清，出卖了南明，最终导致永历政权被清军吴三桂部彻底消灭。如果不是因为大西军兄弟内讧和他的叛变，清军未必就能轻而易举地打败永历帝（南明鼎盛时有60万以上的重兵），而历史可能就会彻底改写了。

李定国

〔南明，主籍。1621年—1662年〕

初名如靖，字宁宇（又作一人），别称鸿远、霖宇、一纯、大绶，陕西延安府绥德州义让里人（属今陕西省绥德县马家川籍），明末张献忠农民起义军主要将领之一，南明第一抗清名将，明末清初与郑成功齐名的两大民族英雄之一。出身农家，幼年父母双亡。1630年（明崇祯三年）张献忠发动陕北饥民起义，将10岁少年李定国收为养子，改姓张，从此跟随左右。长大后身高八尺，膀大腰圆，浓眉大眼，相貌英俊。能识文断字，读懂《资治通鉴》，处事有度，在军中以宽容和仁慈而出名；又精通武艺，骁勇善战，马上挺长枪、使飞刀，骑马射箭百发百中，上阵剽悍英武、一马当先，有“万人敌”之名。因有文武全才，在起义军中得诨号“小柴王”。统领200名少年亲兵与老将艾能奇一起保护起义军老营，为张献忠所钟爱和信任。1637年（崇祯十年），17岁的李定国即率2万兵马，跟随张献忠攻打河南、四川和湖北等地。1640年（崇祯十三年）九月，在四川开县（属今重庆市开州区）与官军的作战中，亲自射杀明朝大将、四川总兵（正二品）张令。1644年（崇祯十七年）十一月十五日，张献忠在成都称帝，李定国被封安西王，时年24岁，是大西军中智勇双全的最年轻主帅之一。1646年（清顺治三年）十一月下旬张献忠被清军射杀于四川西充凤凰山后，大西国由孙可望、李定国、刘文秀、艾能奇“四将军”共同执政，大西军先后迅速攻占重庆、贵州、云南等地，兵力扩大至20余万人。约1649年（顺治六年），李定国与孙可望等人最终执行了张献忠“联明抗清”遗嘱，率大西军归顺南明政权。1652年（顺治九年）初，李定国出兵8万人进攻湖南，先取沅州（属今湖南黔阳）、靖州（属今湖南邵阳），继攻广西桂林，大败清军，逼得清军主帅、定南王孔有德（清朝五位汉人封王者之一）自杀。同年七月初占领桂林后，直下柳州、衡州等四州，兵锋指向长沙。随后将前来增援的清军主帅、敬谨亲王尼堪及10万大军包围，尼堪被阵斩，清军几乎全军覆没。李定国接连取得桂林、衡阳两大战役的胜利，“两蹶名王，天下震动”（黄宗羲语），清军一听其名即战栗不已，使南明的抗清斗争打开一个新局面。1662年（康熙元年）春，缅甸人主动献出逃亡在缅甸的永历帝，四月吴三桂在昆明将永历帝缢杀，南明灭亡。李定国闻讯，悲愤成疾。同年六月，在西南边陲坚持抗清斗争17年的李定国病逝于景线（属今泰国境内），时年42岁。临终7字遗言告诫儿子及部属：“任死荒徼，勿降也！”众将士将李定国遗体安葬于中国车里军民宣慰司境内，其地属今云南省西双版纳州勐腊市城区。今存李定国祠，亦称汉王庙，为云南省文物保护单位。

李定国从10岁起跟随张献忠造反，再跟孙可望等人一起反清复明，孙可望、白文选等依次降清后，他一人单干坚持抗清，誓不投降，直至病逝沙场，事迹可歌可泣、光耀千秋，被誉为“明末最后一根擎天之柱”。后世云南人更是一向视李定国为“滇中之脊梁”。晚清革命党人起义，蔡锷等仍以李定国为榜样。章炳麟说：“愿吾滇人，毋忘李定国！”

杨素蕴

〔清代，主籍。1630年—1689年〕

字筠湄，别号退庵，陕西延安府鄜州宜君县石堡村人（属今陕西省铜川市宜君县五里镇石堡村籍），清代官员、文人，官至巡抚。祖辈几代为小吏，均不曾显赫，然颇重名节。素蕴年幼家教甚严，读书刻苦，有天赋。1652 年（顺治九年）中进士，初任直隶大明府东明县知县（正七品），颇有政绩。不久告病还乡，察访鄜延，向顺治帝上奏《延属丁徭疏》，陈述延安府税重民贫之状，请求朝廷减免延安一带田赋徭役，获得皇帝准许。1660 年（顺治十七年）转任都察院四川道御史（正七品），任上亢直敢言，前后上章十多篇，皆中时弊。1661 年（顺治十八年）外放任川北道（道员，正四品），以疏弹劾吴三桂，坐罪降职，拂衣归，10 年闭门不出。1674 年（康熙十三年）诏令复起，拟任湖北提学道，却遇父丧丁忧。1678 年（康熙十七年）丁忧期满后，历任湖北军务参议道、下荆南道（属今湖北境内）。1682 年（康熙二十一年）迁山西提督学政（也称学道，正四品），任内尊崇理学，学养深厚。1685 年（康熙二十四年）起，升奉天（今沈阳）府丞（从三品）、顺天（今北京）府尹（正三品）等职务。1687 年（康熙二十六年），晋都察院右副都御史（正三品），外放安徽巡抚，莅一方大吏，任上有"杨青天"美誉。次年十月，转任湖北巡抚。时其病重求解任，被康熙帝误会怠慢朝廷而遭革职，旨未到而卒于任。归葬原籍宜君县石堡村祖坟地。《清史稿》评价曰："杨素蕴居官爱民，秉刚正之性，抗论强藩，曲突徙薪，防祸未形，甘窜逐而不悔。"他精于理学，时有"关西夫子"之称。著有《见山楼诗文集》《抚皖治略》《抚楚治略》《谷城水运纪略》《西台奏议》《京兆奏议》等，均收入《四库全书》总目并传世。

杨素蕴一向热心地方志编纂。他在故乡赋闲期间，曾为康熙本《鄜州志》作序。又在清初谭吉璁编撰的《延绥镇志》序中云："天下之势在九边，而秦有其三（指延绥、宁夏、甘肃三镇），三边之劲甲天下，而榆林居其首。"此语成为形容明代榆林镇（延绥镇）险要形势的经典名句。中华民国时期陕北著名文化学者曹颖僧先生在其《延绥揽胜》中评价说："（杨素蕴、薛柱斗）两公表率大臣，风化政治最力。"赞誉二人堪称清代陕北文臣中的楷模。

杨素蕴墓，原在今陕西省铜川市宜君县石堡村，现已无存。

薛柱斗

〔清代，主籍。？—约1692年〕

名薛梁，字柱斗，后以字著称，陕西延安府延长县苏子里人（属今陕西省延长县黑家堡镇籍），汉族，清代官员、文人。其生父薛之凤，为当地乡贤，家境殷实；养父、大伯薛之奇由拔贡出任衡州府（属今湖南省衡阳市）通判。柱斗自幼聪颖过人，精于作文，亦善书法。13 岁考入县学。1648 年（顺治五年）入拔贡（科举制度中由地方贡入国子监的生员之一种），初任河南安阳县丞（正八品）。后升任直隶广平府（属今河北省邯郸市永年区）同知（正五品）。1662 年（清康熙元年）出任保宁府（属今四川省南充市阆中市）知府（从四品），颇有政声。1670 年（康熙九年）调任整饬天津等处兼理马政驿传粮饷屯田河道盐法事，即“整饬天津道”（道员，正四品），执法公正严厉。约 1673 年（康熙十二年 ）升任山东按察司副使（从三品）。1675 年（康熙十四年）转任天津通政司副使（从三品）加六级（俸禄）。任内组织重修地方志书，即康熙本《天津卫志》，并为之作序。1676 年（康熙十五年）七月出任安徽按察使（正三品），任内主修《江南通志》，并为之作序。1680 年（康熙十九年）十一月升任湖南布政使（从二品），任内非常重视文化教育事业，不仅建学修庙、优待学生，还广交文人墨客，与他们一起吟诗作赋。1683 年（康熙二十二年）十一月，贬任光禄寺卿（从三品，主管朝廷宴会、祭祀等）；十二月，调任太常寺卿（正三品，管皇家宗庙礼仪）。1684 年（康熙二十三年）十月升都察院右副都御史（从二品），出任安徽巡抚。1687 年（康熙二十六年）五月，离任安徽巡抚，进京晋升刑部右侍郎（正二品）。但于次年二月，因一些皇亲国戚进谗言，就被免职了。1690 年（康熙二十九年）春回到故里养老。在乡生活清贫，住宅曾遭贼人室盗窃，除了一些字画、藏书和皇帝赏赐的几件旧衣服外，贼人几乎一无所获，由是清官之名遍传。大约两年后，即 1692 年（康熙三十一年），病逝。清代戏曲家、诗人龙燮作《悼薛梁公先生二首》怀念他。

薛柱斗为官清廉而有政声，深得民心，在文化教育事业方面贡献尤其突出。民国时期陕北文化学者曹颖僧先生曾评价说：薛柱斗是清代陕北官宦人物中政绩突出，最有资格称为“表率大臣”的两人之一（另一位是曾任湖北巡抚的宜君人杨素蕴）。

薛柱斗及其家族坟墓，在今陕西省延长县甘谷驿镇官地坪石马陵，古迹基本湮没。新中国成立后，原还保存着一对石马和一座石猴，但都在“破四旧”运动中被砸毁了。

赵良栋

〔清代，主籍。1621年—1697年〕

字擎之，号西华，陕西延安府绥德州人（属今陕西省绥德县籍），后因做官举家迁甘肃省宁夏卫城（属今宁夏银川市），汉族，清初名将，“河西四汉将”之一，官至兵部尚书、勇略将军。出生于祖籍地绥德州城郊四十里铺，因灾荒，随小商贩父亲“走三边”迁至安边（属今陕西省定边县安边镇）城内，靠打柴为生，家境贫寒。13岁在安边入读官学，粗通诗文，后弃文学武。1645年（清顺治二年）清军进占陕西，应募从军。后因作战有功，署理陕西绿营潼关守备（正五品）。再升任宁夏水利屯田都司（正四品）。1649年（顺治六年）正月在肃州战役中，赵良栋单骑擒获丁国栋，被陕甘总督孟乔芳荐补为甘肃高台游击（从三品）。1656年（顺治十三年），随经略洪承畴征讨云南、贵州，授督标中军副将（从二品）。1662年（康熙元年）擢升云南广罗总兵（正二品），先后剿平马乃、陇纳、水西等地苗族起义。1665年（康熙四年）调任贵州平远总兵，在吴三桂麾下效力；同年父丧，丁忧守孝3年。1669年（康熙八年）守制结束，起复为山西大同总兵。1672年（康熙十一年）调任天津总兵。1674年（康熙十三年），“三藩”之乱波及宁夏，发生王辅臣兵变，赵良栋被擢升为宁夏提督（从一品），指挥平定驻军叛乱。期间，举家从故乡陕北迁居宁夏卫城。1679年（康熙十八年）冬率部进入四川参与平定“三藩”之乱，因功被封“勇略将军”，仍领宁夏提督；10天后，收复成都，升任云贵总督、加兵部尚书衔（从一品）。随后引兵收复四川、重庆、云南等地多个州县。1681年（康熙二十年），清军几路大军会师昆明，围城数月难以破城。他到后主动请战出击，不到一个月便攻破昆明。赵良栋及其“朔方军”，屡建奇功，为平定“三藩”十大功臣之一。但随后，因生性亢直，受权贵排挤，遭到降职，被贬为銮仪使（正二品，专掌供奉皇帝车驾仪）。1683年（康熙二十二年 ）称病回乡。1686年（康熙二十五年）朝廷恢复赵良栋的将军、总督官职，并封一等子爵。1697年（康熙三十六年）春，康熙帝亲征噶尔丹，中途驻跸榆林城时，闻报赵良栋病故，深为悼念；三月下旬到达宁夏卫城后，特命皇长子胤禔及部院大臣前往赵府探视祭奠，并颁御制祭文和钦赐碑文，赐谥“襄忠”。之后雍正帝兴建贤良祠，诏准赵良栋灵位安放祠中。乾隆年间，晋封赵良栋一等伯爵。著有《赵忠襄奏疏存稿》六卷。《清史稿》《清史列传》有其传。

赵良栋谙熟兵法，善于指挥作战，一生戎马生涯50余年，为清初西北政局稳定和国家统一做出了重要贡献。《清史稿》称其为“清初第一良将”。他性格耿直，教子驭军，严而有恩。共有4个儿子，皆有成就。长子赵弘灿官至两广总督，次子赵弘燮官至直隶巡抚、加总督衔。父子三人俱任总督的殊荣，在清代为国内少见，名震西北，显赫一时。

赵良栋家族墓地，在今宁夏银川市兴庆区掌政镇，曾发现有赵良栋、赵宏燮墓地两处，均因近年施工建设而遭破坏，失去了文物保护价值。

刘厚基

〔清代，客籍。1840年—1877年〕

字子坤，号福堂，湖南耒阳坪田人（属今湖南省耒阳市坪田乡豹岭村籍），清代湘军名将，官至提督（从一品），同治年间任延榆绥总兵（亦可称榆林总兵）。出身贫寒，祖上数代为农民。少年因家道清贫，只读了3年学馆。身材魁梧，虎背熊腰，机警灵活，臂力过人，擅长武术。1858（清咸丰八年），18岁以武童投湘军“果字营”，隶属步兵前锋。骁勇善战，辗转于湘、桂、川、黔数省，屡创胜绩，3年连升三级，被赏封六品顶戴。1860年（咸丰十年）为左宗棠军中路先锋，生擒滇军叛军元帅周廷光、都督邬廷珍二人；又与太平军翼王石达开所部在贵州独山展开激战，负伤两处，擢升先遣军都司（正四品）。1861年（咸丰十一年）随军进剿四川起义军，积功保留蓝翎千总、加守备衔。1862年（同治元年）八月，随清军进攻农民起义军兰潮鼎部于崇庆州石羊场，晋游击将军（从三品）；十一月，克丹棱城，升参将（正三品）。1863年（同治二年）二月擢升副将（从二品），获赏“猛勇巴图鲁”名号，当月于四川击溃云南义军李永和部，加总兵衔（正二品）；十一月，攻阶州（属今甘肃省武都县）城西义军营寨，击杀义军都统、都领先锋8人，被封头品顶戴、记名提督（从一品）。1865年（同治四年）秋奉命讨伐西北地区捻军叛乱。1868年（同治七年）二月率军由陕西鄜州（属今陕西富县）牛武镇出发，克鄜州城，击退延安、甘泉捻军，实授陕西延榆绥镇总兵。1869年（同治八年）因其弟、总兵刘厚填犯事，厚基被连坐，革职留任。1870年（同治九年）春，奉命北上围剿入陕进犯的叛军，沿途收复延川、洛川、绥德、米脂、榆林等城。因战功官复原职，仍任延榆绥镇总兵。1875年（光绪元年），清廷任命左宗棠为钦差大臣，率大军七八万人进疆，开始收复新疆之战。1876年（光绪二年）三月，左宗棠命甘肃西宁道刘锦棠总理行营营务，命榆林总兵刘厚基为北路前锋，率军一路征讨，所向披靡；五月刘锦棠、刘厚基率大军北逾天山；八月一举攻克了迪化（属今乌鲁木齐）；十一月上旬攻下玛纳斯、喀什等重要城池，北路俄军被驱逐出境；至是年底，阿古柏失去了北疆的所有地盘。1877年（光绪三年）正月十七日，刘厚基在挥师向南疆进军途中，积疾复发，溘然病逝，终年38岁。卒后，光绪帝追赠“建威大将军”封号，归葬故乡湖南耒阳坪田豹岭。左宗棠为其亲书墓志铭。陕西延榆绥镇和耒阳建专祠祭祀。刘厚基才兼文武，著有《图开胜迹》《战功纪录》《纪恩慕义》等书和若干诗文传世。

刘厚基在治理延榆绥镇10年期间，颇有政绩，为当地百姓办了不少好事实事。主要是：为稳固边防，与毗邻的内蒙古伊克昭盟（属今内蒙古鄂尔多斯市）缔结盟约，共防边务；严明部属纪律，兵民和辑，深受地方拥戴；励精图治，不劳民力，亲率将士修复残破的城垣，疏通阻滞的渠道；力筹赈垦，重修榆阳书院；其他凡地方义举，靡不竭力勉为。榆林百姓赞其有“儒将风度大将才”。清光绪本《榆林县志》卷二十六“名宦志”载：刘厚基治榆林，“十载百废俱兴，其恩义殷勤，虽父兄之子弟不是过高。”赞誉之高，出乎人情。

李娓娓

〔清末，主籍。约1828年—约1919年〕

女，字心兰，汉族，陕西延安府延川县孝和里李家塬人（属今陕西省延川县马家河乡李家塬村籍），清末陕西著名女诗人。出身官宦书香之家。曾祖名李蕊，习儒业，通医术，好施善。祖父李步瀛，清代嘉庆庚申科举人。父亲李宗沆，字霭山，嘉庆癸酉联捷进士，官至广东盐运使（从三品）。李宗沆有六子（应燉、应枢、应畴、应霖、应莘、应圻）四女。李婉婉为其幼女，自幼聪慧过人，跟随祖父学习儒学和医术。又酷爱诗书，才思敏捷，工于诗词，幼女时代便写下大量诗作。17岁时嫁于本县三台村（今瓦村河村）廪生曹震方。夫君为举人曹鹤龄之子，亦有文采，婚后夫妇志趣相契，拈毫横笛，吟诗弄墨；又与兄弟姑嫂，时有唱和，在省、府、县、乡诗社每每夺魁，少有人出其右。8年后丈夫因病去世，遗二子年幼，家境凄凉。1867年（同治六年），陕甘回民军入犯陕北，延川县城沦陷，为躲避战乱兵燹，她携二子流亡省城西安，投奔大哥李应燉。在西安以笔墨谋生，靠给报纸写文章赚点稿费过活，备尝艰辛。1898年（光绪二十四年）秋之后，得到其外甥、奉天都督赵尔巽的帮助，家境才略为改善。晚年两子先逝，她在悲痛中抑郁而终，享年约90岁。她是陕西历史上凤毛麟角般的女诗人，一生历经坎坷、备受艰辛，守寡60余年，被誉为"陕北李易安（李清照）""陕北第一才女""中国北方一代奇女子"，堪称中国版的"乱世佳人"。遗有诗稿《咏月轩吟草》《幽香馆存稿》《绿窗词草》等3辑，计诗词183首。作有"我虽一女子，恨无三尺剑""木兰是女无人识，愧我虚生亦可嗟"等慷慨激昂的诗句，表达出深深的家国情怀和浓浓的乡愁乡情。其诗笔清丽风雅，雄厚刚健，有唐人之风。1986年，延川县文史资料委员会编辑出版了《李婉婉诗词专辑》。延安大学校友齐应凯先生所作《题清末延川女诗人李婉婉》云："名门闺秀，乱世一生争命运；僻壤兰心，清诗几卷步青莲。"这是李婉婉一生真实的写照。

另，李婉婉长嫂杨玉莲（字馨云，陕西泾阳县人，卒年36岁），也是清末陕北有名女诗人，遗作有《芸芳阁诗钞》传世。李婉婉之姐李左芬，也是清末陕北有名女诗人，闲暇著诗成集《双清阁存稿》传世。李左芬早年因仰慕西晋大诗人左芬而名，中年守寡，昼严师，夜慈母，生四子（赵尔震、赵尔巽、赵尔萃、赵尔丰）一女，教子成人，成就"一门三进士，四兄弟两总督、双道府"之传奇。以晚清时期的全国之大，很难再找出像李左芬、李婉婉这样诗情与教子俱佳的才女了。延川县志办原主任梁福晢先生撰文认为："陕北延川李氏三嫂妹（杨玉莲、李左芬、李婉婉）堪称中国北方晚清女诗人中的代表人物。"

李　棠

〔清末民国初，主籍。1865年—1924年〕

字镜蓉，陕西榆林府双山堡人（属今榆林市榆阳区麻黄梁镇双山村），清末民国初年书法家，与于右任、王雪樵并称“陕西书坛三杰”。祖籍为山西清徐县徐沟镇北泥五村，先祖为晋商，于清道光年间来到榆林双山堡安家落户。李棠出身小盐商号家庭，家庭殷实。自幼性格沉稳，言语不多，但聪颖异常，13 岁时考中秀才，且在书法方面表现出很高天赋。1894 年（清光绪二十年），19 岁时在省城西安考中举人。1898 年（光绪二十四年）春，赴京参加会试，未中，后继续留在北平书馆一边补习功课，一边遍访名师学习书法，一度甚至靠卖字维持生计。1901 年（光绪二十七年）考进士再次落榜。1903 年（光绪二十九年），清朝廷下诏“废除科举，以广学校”，其科举中进士之梦破灭。后在北平游学 16 年，学业大进，尤擅书法。期间，曾参加在北平举行的全国书法竞赛，名列第七，声名鹊起。其父拿银子给他捐了个“内阁中书”官（从七品）。1912 年春夏之交，联络国民党元老李根源，以及在京同乡人士多方营救，联名将时任《民立报》主编的张季鸾保释出狱。同年秋，在父亲多次催促下，李棠回到故乡双山堡。1913 年冬十月，谋得靖边县知事（县长）的差事。3 年任期满后，厌倦官场，称病请辞县长之职，离开时百姓送“万民伞”，称颂其“两袖清风，廉洁奉公”。回到榆林城后，主要从事书法和讲学活动，在当地的口碑甚好，一度被公推为陕西与绥远沿边六县商会会长。1924 年，病逝于榆林，享年 59 岁，无子女。关于其生平事迹，可查到的史料不多。1929 年（民国十八年）刊印的《榆林县志》载：“字镜蓉，光绪二十年甲午科，官内阁中书。”1964 年台湾武学美术印刷公司印发的由王军余先生编著的《榆林地方简志》载：“光绪举人，善书，驼近市内匾额，多出其手。”

李棠是值得陕北人民自豪和敬仰的书法大家。其书法艺术，有“欧柳”本质，从“二王”进出，形神皆妙，自成一体，既有柳公权的“骨”，也有颜真卿的“肉”，坚挺而圆润，方正而饱满。榆林本地的不少匾额出自其手。如榆林城内钟楼 4 个门洞上方题额“驼峰险峻”“南控乌延”“芹水流芬”“北临雁塞”，红石峡东崖石刻群中的“功在名山”等，均为李棠所书。当代榆林书法理论家贺菊芳在《榆林名胜》一文中评价李棠书法：外柔内刚，结构平稳，楷意中有行书笔意。

王雪樵

〔清末，主籍。1894年—1939年〕

名光荫，字雪樵，以字行世，号雪山樵夫、雪山耕夫、一苇居士、右军之裔、慕陶馆主、寒鸦等，汉族，清末陕西榆林府神木县城人（属今陕西省榆林市神木市籍），中华民国时期著名书法家和文化名人，被誉为“民国陕西书坛三杰”（于右任、王雪樵、李棠）之一。出身贫寒的屠夫家庭，3岁丧母，饱受饥寒，与父亲相依为命。天资聪颖，幼而好学，尤其喜爱书法艺术，12岁时题书神木城“凯歌楼”牌匾，初露书法才气，时人誉为“神童”。1914年，20岁的王雪樵进入北京法政专门学校攻读法律。2年后肄业，经同乡名人裴宜丞推荐，担任北洋政府陕西省长李根源秘书。期间在西安出入书肆碑林，收集历代书法拓本近千册，并与国民党元老、书法大家于右任熟识。于、王二人建立深厚交情，两人私约可以在书法作品中互署对方姓名，以示互相认可与尊敬。1922年，李根源回到北平任北洋政府农商部总长，王雪樵被聘为农商部主事。1923年因与当局政见不合，王雪樵辞官，短暂出任过府谷县丞（驻地麻地沟）。1924年归隐神木家乡，出任神木大学堂堂长（小学校长），为推动神木现代教育事业发展做出了积极贡献。又推动移风易俗，创立“天足会”，竭力倡导女子放足（废除缠足陋习）。1920年代末，曾短暂任神木看守所所长。随后任国民党军八十六师驻国防部代表，居南京、西安等地3年。1930年回到神木，赋闲居家。因患病，隐居古佛洞、关帝庙等处，静心钻研诗文书法。1936年秋前往北平参加“北平笔会”，名列北方第六名，成为近代陕西著名书法家。1938年其书屋遭日机炸毁，部分墨迹焚毁、失散。随后，举家迁往神木城郊贺家坡。1939年在贫病交加中，病逝于内蒙古扎萨克旗（属今内蒙古伊金霍洛旗新街镇），终年45岁。

王雪樵一生疾恶如仇，蔑视权贵，淡泊名利，去世时穷困潦倒，仅一袭破皮袍裹身。其学识渊博，娴于诗文，但不轻易写作，存世诗文甚少。然其书法作品，一生创作近万件，虽经战乱兵火，至今存世仍有数百幅，多数被人们视为珍品。1989年陕西人民美术出版社《王雪樵墨迹选》，2015年人民美术出版社《中国历代经典碑帖·近现代部分·王雪樵卷》等，均有所介绍。

王雪樵深得楷、草、行、隶、篆等多种字体要领，书法技艺臻至“达其性情，形其哀乐”之境。他能集各家之长、自成一体，作品师古而不泥古，从隶意和方笔入手，巧妙运用魏碑的笔法，将行草入隶书，形成了“魏中有隶，隶中有魏”的独特艺术风格，自称“魏隶参半书”，从而达到了质朴而不呆板、洒脱而不轻浮、豪放而不狂野、典雅而不矜持的高超境界，为推动我国书法艺术的繁荣与创新，做出了重要贡献。我国当代书法家钟明善先生评价说：民国时期的书法大家，草书有于右任，隶书有寇遐，篆书有张寒杉，行书当推王雪樵。

谢子长

〔民国时期，主籍。1897年—1935年〕

原名世元，曾改名德元，号浩如，曾化名冬阳，陕西省安定县枣树坪人（属今陕西省延安市子长市李家岔镇枣树坪村籍），杰出的无产阶级革命家，共产党人的楷模，中国工农红军杰出指挥员，陕北人民的革命领袖，西北红军和西北革命根据地两大创建人（谢子长、刘志丹）之一。他是刘志丹的革命战友，同刘志丹一样，在西北人民群众中享有崇高威望。谢子长出身农民家庭，从小疾恶如仇，好打抱不平，擅长武术。先后在安定县城小学、西安省立一中、陕北联合县立中学（榆林中学前身）读书。1922年秋考入太原学兵团学习军事。1924年回安定县创办民团，任团总。1925年赴北京，加入中国共产党；同年底，中共北方区委派他回陕北进行革命活动。1927年春，率部进驻安定县城，协助中共上级组织建立了中共安定县特别支部（书记为冯景翼），开展了一系列革命活动，当地群众亲切地称他为“谢青天”；同年10月，作为主要领导人领导了西北最早的清涧起义，打响了西北革命武装斗争的第一枪。1928年5月，作为主要领导人之一，参与领导了震惊西北的渭华起义，任西北工农革命军军事委员会委员兼第三大队长。渭华起义失败后，任陕北特委军委委员，在陕西、甘肃、宁夏从事兵运工作。1931年“九一八”事变后，先后任西北抗日反帝同盟军总指挥、工农红军陕甘游击队总指挥，与刘志丹等一起领导了陕甘边武装斗争，创建了陕甘革命根据地。1932年5月在甘肃组织了靖远兵变，任中国工农红军陕甘游击队第三支队总指挥；水泉战斗失利后，回到陕西；同年12月，被执行王明“左倾”错误路线的中共陕西省委书记杜衡（后叛变）污蔑为“右倾机会主义”“土匪路线”，再次被错误撤职，送上海中央局“受训”。1934年，任陕北红军游击队总指挥部总指挥、红二十六军四十二师政治委员；同年夏，在与国民党军队进行的反“围剿”战斗中，于清涧县河口镇胸部中弹负重伤。1935年初，任中共西北工作委员会委员和西北革命军事委员会主要负责人（因谢子长伤重，实际工作由刘志丹主持），指挥部队粉碎了国民党军对陕北苏区的“围剿”；同年2月21日，因伤重不幸逝世于安定县灯盏湾村，终年38岁；同年9月，中共西北工作委员会决定将安定县改名为子长县。1946年2月，中共中央西北局和陕甘宁边区政府在瓦窑堡建成子长烈士陵园，举行了隆重的公葬仪式。

谢子长的家庭是一个模范的革命家庭。其父谢彪鹏是一位开明人士，出钱出物支持儿孙们参加革命活动。谢子长先后带领全家17人参加了革命，其中出了9名共产党员，9位革命烈士（有5名共产党员），有的在战斗中牺牲，有的被敌人迫害致死，留下6名遗孀。这个家庭还为中国革命贡献了几乎全部的财物。

谢子长陵园（谢子长烈士纪念馆），简称子长陵，坐落在今陕西省延安市子长市城区（原称瓦窑堡）东北祁家湾村，走马梁山脚下，现为全国重点烈士纪念物保护单位。

刘志丹

〔民国，主籍。1903年—1936年〕

名景桂，字子丹、志丹，陕西省保安县金汤乡芦（楼）子沟人（属今陕西省志丹县金鼎镇芦子沟村籍），汉族，忠诚的共产主义战士，杰出的无产阶级革命家、军事家，中国工农红军杰出指挥员，陕北人民的革命领袖，西北红军和西北革命根据地的两大创建人（谢子长、刘志丹）之一。他是谢子长的革命战友，同谢子长一样，在西北人民群众中享有崇高威望。出身当地望族，其祖父刘士杰是前清秀才，家境富裕，人丁兴旺。刘志丹少年时，曾就读于永宁山（国民政府保安县政府所在地）县立高等小学堂。1922年考入榆林中学。1923年当选为榆林中学学生自治会会长。1924年在榆中加入中国社会主义青年团，不久接任书记。1925年转为中共党员，同年秋被中共陕西省党组织派往广州黄埔军官学校学习。1926年毕业于黄埔军校第四期炮兵科。1927年大革命失败后，奔走于湖北、河南、陕西等省，从事秘密交通联络和组织起义的工作。1928年与唐澍、谢子长等人一起组织渭华起义，任西北工农革命军军事委员会主席。1931年“九一八”事变后，组织了西北反帝同盟军，任副总指挥兼参谋长。随后西北反帝同盟军改为中国工农红军陕甘游击支队，刘志丹历任副总指挥、总指挥等职。1932年成立中国工农红军第二十六军，刘志丹仍负领导责任。1935年秋，红二十六军与徐海东等率领、先期抵达陕北的中国工农红军第二十五军会师，成立中国工农红军第十五军团，刘志丹任副军团长兼参谋长；同年秋冬，在严重错误的陕北“肃反”运动者，刘志丹受到党内机会主义分子诬陷迫害，被关押起来，差点被处决。毛泽东、党中央到达陕北后，刘志丹才得到释放，先后任西北革命军事委员会副主任、北路军总指挥、中国工农红军第二十八军军长等职。1936年3月，率红二十八军参加东征战役，东渡黄河，挺进晋西北，迭克敌军；4月14日，在攻打山西省中阳县（属今山西省柳林县）三交镇时壮烈牺牲，年仅33岁；6月，中共中央决定将保安县改为志丹县，以志永久纪念。1940年中共中央指示陕甘宁边区政府，在志丹县城兴建刘志丹陵园。1943年春陵园建成，中共中央举行了万人公祭大会和隆重的安葬仪式。

刘志丹烈士一生热爱党、热爱祖国、热爱人民，追求真理、向往自由，忠心赤胆、英勇善战，艰苦奋斗、百折不挠，为创建西北红军和西北革命根据地，为中国人民的解放事业建立了不可磨灭的功勋，被毛泽东誉为“群众领袖，民族英雄”。西北革命根据地是土地革命战争时期全国唯一保存完整的革命根据地，最终成为红军三大主力长征的落脚点和中国革命的大本营。1996年，刘志丹被中共中央军事委员会确定为中国人民解放军36位军事家之一。2009年9月14日，被评为100位为新中国成立作出突出贡献的英雄模范之一。

刘志丹烈士陵园，位于今陕西省志丹县城红都街与保安街交会处附近东侧，现为全国重点烈士纪念建筑物保护单位。

李子洲

〔中华民国时期，主籍。1892年—1929年〕

名登瀛，字子洲，笔名逸民，汉族，陕西省绥德县人（属今绥德县城关镇籍），中国共产党优秀党员，忠诚的共产主义战士，杰出的无产阶级革命家，陕西革命的先驱者和“陕北共产党的奠基人”（毛泽东语），陕北红军和苏区创建人之一。出身银匠家庭，家境平常，12岁才开始在私塾上学。1910年高小毕业，到关中的三原宏道书院求学。1912年转入西安的三秦公学中学班读书。1917年春考入北京大学预科，两年后入读哲学系。1919年“五四运动”中，担任北京大学学生会干事，积极参加火烧赵家楼等正义斗争；不久，加入李大钊创建的北京大学马克思学说研究会。1920年至1922年，参与进步刊物《秦钟》、《共进》（由前刊改名）的创办和陕西旅京青年进步组织“共进社”的创建，是共进社的主要领导人之一，又是《共进》半月刊的撰稿人和发行人，被誉为共进社的“大脑”。1923年初，经李大钊、刘天章介绍，加入中国共产党，8月回陕西宣传革命。1924年春，任榆林中学教务主任兼教国文和历史；同年秋，接任绥德陕西省立第四师范学校校长，其间引导大批青年走上革命道路；年底，在绥师建立陕北第一个团组织——社会主义青年团陕北特别支部。1925年初，该特别支部扩大为党团混合支部，传播马克思主义思想；同年秋，先后组织成立榆林中学党支部、延安中学党支部等，使党团力量在偏僻的陕北地区逐渐发展起来。陕北的谢子长、刘志丹、习仲勋、马明方、马文瑞、王兆卿、白如冰、白明善、乔国桢、贾拓夫、常黎夫等一大批优秀共产党员，就是在这一时期成长起来的。1926年11月接中共北方区委通知，到西安开展扩大党的统一战线工作。1927年3月当选为中共陕甘区委组织部长，坚持开展党的地下工作；7月中共陕甘区委改组为中共陕西省委，李子洲任常委兼组织部长。1928年11月代理省委书记，主持省委工作。他认真总结清涧起义和渭华起义失败的教训，重新部署全省的革命武装斗争。1929年2月被国民党特务逮捕，投入当局监狱，在狱中饱受折磨后，于同年6月18日病逝，时年37岁。为纪念这位革命先烈，陕甘宁边区政府决定自1944年1月1日起将原“绥西办事处”升格，设置“子洲县”。这是历史上首次出现子洲县这一行政建置。

李子洲是陕西革命武装力量和西北革命根据地的奠基者。他在绥德师范办学、西安中山学校执教和中共陕西省委工作中撒播的革命火种，指引和激励着工农群众武装开展游击战争，建立工农红军，创建革命根据地。后来，西北革命根据地成为第二次国内革命战争时期中国共产党“硕果仅存”（中共党史公认说法）的革命根据地，最终成为中国革命的“落脚点”和“出发点”。

李子洲陵墓，始建于1956年，当地群众称“子洲陵”，即今绥德革命烈士陵园，位于陕西省绥德县城西大理河畔。

李子洲故居，位于陕西省绥德县城兴隆巷口左侧。始建于清光绪年间，整体布局为传统的窑洞四合院式。当代有修葺。

李鼎铭

〔中华民国时期，主籍。1881年—1947年〕

原名丰功，字耔（一作芷）香，汉族，陕西省米脂县人（属今米脂县桃镇桃花峁村籍），祖籍浙江仁和（属今杭州市），中共延安时期著名的“开明人士”，以提出“精兵简政”方略而著称。出身农家，幼年家贫，无力延师。1895年（清光绪二十一年），寄住舅父杜良奎（杜聿明之父）家中就读，学习中国传统文化和现代自然科学等。1903年（光绪二十九年），赴绥德州应考，被录取为廪生，即秀才。早年曾从事教育事业10余年，在米脂县桃镇创办了桃镇国民高等小学（今鼎铭小学），担任校长；并积极倡导移风易俗，教化乡里。1926年起在家乡开办医馆，治病救人，医术高明，当地群众颇多赞誉。1935年10月毛泽东和中共中央机关到达陕北后，李鼎铭开始同情革命。1937年“七七事变”后，逐步接受中共的领导，拥护中国共产党团结抗日的政治主张，反对蒋介石“攘外必先安内”政策。1941年夏，以无党派人士身份，先后当选米脂县参议会议长，陕甘宁边区参议会副议长；随后在陕甘宁边区参议会二届会上提出“精兵简政”议案，得到大多数议员尤其是毛泽东的大力支持；年底，当选为陕甘宁边区政府副主席。不久，举家迁往延安。作为陕北籍的著名民主人士，他始终与中国共产党保持精诚合作，被毛泽东赞为“开明人士”。他与毛泽东、徐特立、林伯渠、谢觉哉等人建立了深厚友谊。1947年12月11日，李鼎铭在陕甘宁边区政府临时驻地绥德县义合镇突患脑出血病故（一说病故于米脂县杨家沟）。次年2月，陕甘宁边区政府在绥德举行了隆重追悼会，毛泽东和中共中央、陕甘宁边区政府送了挽词。根据李鼎铭家乡群众要求，陕甘宁边区政府决定将米脂县桃镇小学命名为“鼎铭学校”，以资纪念。

李鼎铭是著名的无党派爱国民主人士，中国共产党的亲密朋友，陕甘宁边区杰出的党外领导人。一生追求光明，躬行履践，在中华民族民主革命的困难时期，毅然走上与中国共产党休戚与共、携手合作的革命道路，为中国革命事业做出了独特而重要的贡献，赢得了共产党人的尊重和广大群众的敬仰，为统一战线留下了宝贵的精神财富，值得后世永远铭记和学习。《毛泽东选集》中提到两位开明绅士：一位是陕甘宁边区的李鼎铭，另一位是晋绥边区的刘少白。此外，李鼎铭一生遍览经史子集，通晓多门自然科学，曾撰写《中国哲学思想体系与民族传统概论》一书（1998年由中国文史出版社出版），还著有《北方民族历史教科书》等，同时，还积极倡导中西医结合。

李鼎铭陵园与故居，位于今陕西省米脂县城东20千米的桃镇桃花峁村，现为陕西省重点文物保护单位。陵园由周恩来批准，于1959年修建。它将陕北传统的墓建和现代陵园建筑巧妙融为一体，设计工巧，修造精湛。故居坐落于陵园下的黄土坡上，是5孔典型的陕北窑洞，现辟为李鼎铭纪念馆。

杜斌丞

〔中华民国时期，主籍。1888年—1947年〕

原名丕功，字斌丞，后改名斌丞，自署秉诚，汉族，陕西省米脂县人（属今米脂县城籍），伟大的爱国主义者，中国近代著名教育家和政治活动家，陕北教育的开拓者，中国民主同盟早期领导人，中国共产党的忠实朋友。也是国民党抗日名将杜聿明的堂哥。一位典型的陕北汉子，性格刚毅，目光坚定，留着标志性的浓密八字大胡子。出身米脂县城破落地主家庭。1895 年（光绪二十一年）入私塾读书。1906 年入绥德中学堂学习。1907 年至 1911 年，在陕西关中地区的三原宏道高等学堂读书，经常阅读《民报》《夏声》等进步刊物。1913 年考入北京高等师范学校，1917 年夏毕业后，回家乡任陕北联合县立榆林中学教务主任兼史地教员，次年任校长，支持学生爱国运动，鼓励学生为国效力。为发展地方教育，他还倡议、支持兴办了米脂高小、米脂三民二中、榆林女子师范、绥德（陕西）省立第四师范、延安（陕西）省立第四中学等学校。1922 年冬，与暂时蛰居榆林的陕西靖国军将领杨虎城建立友谊，并介绍杨虎城结识共产党员魏野畴。此事件成为杨虎城一生思想的重要转折点。1930 年任国民党第十七路军杨虎城部总参议，曾利用合法身份设法营救过被国民党当局逮捕的共产党员刘志丹、刘澜涛、张德生等人。1936 年西安事变时，主张“跟共产党走”，积极推动西安事变的和平解决。1937 年春任中华民国国民政府陕西省政府秘书长。1943 年，参与中国民主同盟的政治活动，同杨明轩等筹建并主持民盟西北总支部。1945 年 10 月在民盟第一次全国代表大会上，当选为中央委员，并被推举为中央常务委员兼西北总支部主任委员。1947 年 3 月 20 日在西安被国民党特务逮捕，后在狱中坚持斗争；同年 10 月 7 日，于西安城玉祥门外护城河畔英勇就义，终年 60 岁。杜斌丞壮烈牺牲后，毛泽东亲笔写下挽词：“为人民而死，虽死犹生。”

杜斌丞一生不断追求进步、追求真理，同情革命、支持革命。毛泽东称赞他是“中国共产党的忠实朋友”。周恩来评价其为“鲁迅式的共产党员”“革命的教育家”。一些中共老同志则颂扬他是“非党的布尔什维克”。而在陕北人看来，作为民国时期著名民主斗士，杜斌丞完全可以与闻一多、李公朴鼎足而三。

杜斌丞纪念室，位于陕西省榆林市米脂县城。1948 年 3 月，米脂县在开办“斌丞图书馆”的同时，设“杜斌丞纪念室”。1985 年，在县城南关新建杜斌丞纪念室，与斌丞图书馆大楼紧邻。纪念室设计新颖，面积 145 平方米，陈列杜斌丞生平事迹介绍（文字、图片）、遗物（血衣、书柜、砚台、杨虎城赠送银盾）、相册等，以及党政军、民主人士的挽联挽词。

另有杜斌丞墓，位于陕西省西安市南郊的“西安革命陵园”内。

张季鸾

〔中华民国时期，主籍。1888年—1941年〕

名炽章，汉族，陕西榆林城人（属今陕西省榆林市榆阳区籍），著名爱国民主人士，民国时期著名的新闻家、政论家，被誉“文坛巨擘”“报界宗师”，曾担任孙中山先生的秘书，新记《大公报》创始人之一。出生地为山东邹平，时其父张楚林在邹平知县任上。张季鸾13岁时父病故，随母返回故里榆林城，家道中落。因得到张楚林生前好友、时任延榆绥道陈兆璜的赏识与资助，得以在榆阳书院和关中礼泉县“烟霞草堂”求学。1905年（清光绪三十一年）在时任陕西学台沈卫（沈钧儒之叔）的推荐下，官费留学日本。1908年（光绪三十四年）回国，一度在于右任主办的上海《民立报》任记者。1911年辛亥革命后，曾担任孙中山先生的秘书，参与起草《临时大总统就职宣言》等重要文件，并且发出了中国近代报业史上第一份新闻专电。后因反对袁世凯，在北京被北洋政府当局逮捕入狱3个月。被营救出狱后，在上海先后任《大共和日报》编译和《民信日报》总编辑。1916年任上海《新闻报》驻北京记者。1916年至1924年任北京、上海两地的《中华新报》总编辑。1926年，与吴鼎昌、胡政之合作成立新记公司，接办天津《大公报》，任总编辑兼副总经理，主要负责评论工作。在《大公报》上发表评论吴佩孚、汪精卫、蒋介石的著名“三骂”文章。1935年11月，《大公报》连续发表范长江采访延安的长篇通讯《中国的西北角》，首次报道了陕北的真相，向全国公开报道红军二万五千里长征实况。1936年西安事变中，张季鸾秉持“国家中心（指蒋介石）论”观点，主张“拥蒋”，要求张学良等人无条件释放蒋介石。1941年5月张季鸾病重之时，美国密苏里大学新闻学院将“最佳新闻服务奖”这一世界性荣誉颁给《大公报》，成为中国报业的骄傲。1941年9月6日，张季鸾病逝于重庆。身后国共两党领导人亲自吊唁或发来唁电，社会各界举行了盛大的祭葬仪式，哀荣备至。有文集《季鸾文存》传世。

张季鸾与国民党元老、大书法家于右任，水利科学家李仪祉并称民国“陕西三杰”。一生从事新闻事业近30年，主持《大公报》笔政达15年。奉行言论救国，追求自由民主，坚持真理，不畏权势，秉笔直言；文笔犀利酣畅，在报纸标题制作和版面安排上有独到之处。生活俭朴，毕生穿着粗布长袍，死后身无长物；为人厚道，极有人缘，与民国时期许多政界要人和文化名人交情甚厚。他主持的《大公报》，是当之无愧的“民国第一大报”，同时受到当时中国政治舞台上两大对立主角的敬重。蒋介石在办公桌、起居室、卫生间各放置一份；而毛泽东说，他在延安经常读的报纸就是《大公报》。蒋介石赞誉张季鸾为“一代论宗”，周恩来等人称其“文坛巨擘、报界宗师”。

现有榆林季鸾公园及张季鸾墓。1942年，张季鸾遗体下葬于西安市杜曲镇竹林村（属今西安市长安区）一座占地40亩的陵园中。世事沧桑，后来这个曾经远近闻名的陵园几乎彻底被毁。2014年8月，榆林市人民政府在榆林市城郊东沙修建了“季鸾公园”，将先生的陵墓迁入公园内的月亮湾，并在院内修建了季鸾纪念馆，供游客瞻仰和参观。

刘含初

〔中华民国时期，主籍。1895年—1927年〕

名翰章，字含初，汉族，陕西中部县备村人（属今陕西省黄陵县阿党镇备村籍），大革命时期西北地区著名的革命家、教育家、革命烈士。出身富裕殷实家庭，幼读私塾，后考入西安三秦公学。1916 年，考入北京大学文史系，在陈独秀、李大钊等影响下，开始学习和传播马克思主义，积极参加各种进步活动。1920 年，他与刘天章、李子洲等人发起组织了陕西旅京学生联合会，并创办《秦钟》月刊（次年 10 月改为《共进》半月刊）；同年从北大毕业，开始从事教育工作。先后在北京通县师范学校、苏州中学、广东岭南大学、上海大学、开封大学任教。1922 年 10 月，刘含初等又创立了革命团体——共进社。1923 年在上海大学任教期间加入了中国共产党。1924 年底应于右任之聘回到西安，先后任陕西省教育厅科长、西北大学教务长。1926 年 11 月底，中共陕甘区委和国民军联军总司令部决定派遣刘含初、李子洲在改组西北大学的基础上，成立西安中山学院，由刘含初任委员长（院长）。1927 年春，蒋介石公开叛变革命、大肆捕杀共产党人，中国共产党组织考虑刘含初的处境非常困难，决定派他去苏联学习。同年 8 月 15 日于宜君县石堡村其岳父母家中，被陕北反动军阀井岳秀派遣的特务当场射杀，年仅 32 岁。

刘含初是“五四”期间最早传播新文化、新思想的学者之一，也是最早推动马克思主义在中国传播的重要人物，作为中国共产党先驱人物和在陕西地区的主要领导人之一，为创建陕西省、西北大学党组织等做出重要贡献，在中共党史上具有重要影响。他参与创办《秦钟》《共进》杂志，大力宣传革命思想，传播马克思主义；又积极推动国共统一战线，全力开展反对军阀斗争。特别是在驱逐河南军阀刘镇华军出陕斗争中，做出了重要贡献。他主持创建西安中山学院并担任院长，辛勤耕耘，使之成为培养革命干部的摇篮。他也是中国大学历史上第一位共产党员大学校长，是国民大革命期间被国民党杀害的唯一大学校长。

刘含初烈士墓。1975 年 5 月 10 日，中共黄陵县委、县人民政府将刘含初遗骨移葬黄陵桥山。

李健侯

〔中华民国时期，主籍。1894年—1950年〕

原名宝忠，字健侯，后以字行，汉族，陕西省榆林府米脂县人（属今陕西省米脂县籍），民国时期陕北著名作家，著有描写李自成农民起义的章回体长篇历史小说《永昌演义》。世居米脂县，与李自成同乡，一说为李自成后人。出身官宦家庭，其父李蕴华（1862 年至 1930 年），字少川，为清光绪十八年（1892 年）进士，先后在四川多地和陕西绥德州为官，官终绥德州知州，退休后为乡贤。李宝忠出生于四川（时其父在四川为官），7 岁开始在米脂读私塾，后随父亲客居四川读书。中学毕业后返回故乡米脂，因家境富裕，不事农耕，放浪形骸，人称“李三少爷”。成年后游历山西、直隶等地，平时居家读史、绘画，悠闲度日。收集披览多种正史杂书，博采众记，遂有为本家先人李自成立传的念头，并于 1926 年动笔，历 4 年苦心经营，三易其稿，六次抄缮，至 1930 年撰成《永昌演义》。为书稿脱手，甚至不惜卖掉部分田产。1934 年应聘参与米脂县文献委员会编纂《米脂县志》。1942 年《永昌演义》手抄本由李鼎铭先生带到延安，毛泽东阅后给予较高而客观的评价。随后，李健侯应毛泽东之邀来到延安，受到热情款待，指示奖给 200 元边币、两石小米，并聘请他担任边区的参议员。毛泽东建议李健侯以新的历史观改写这部小说，后因多种原因未实现。1947 年国民党军胡宗南部进犯陕甘宁边区，李健侯依附国民党军队，出任米脂军政联合督察处主任（实为临时县长）。后随胡宗南军南撤。新中国成立后定居西安。1950 年病逝。1984 年，新华出版社以《永昌演义》为书名，光明日报出版社以《李自成演义》为书名，分别出版了该书。2008 年 10 月，《永昌演义》更名为《大顺帝李自成》，由重庆出版社再次出版。

《永昌演义》这部章回体历史小说共 40 回，约 38 万字，是民国时期唯一的一部以明末农民起义的历史事件为背景，以李自成的生平事迹为主干，穿插黎民疾苦、边关烽烟、朝廷政事、文武忠奸等内容的历史小说。虽是小说，却有史料价值。书中描写了关于李自成起义兴衰始末、大明王朝的灭亡、清政权的兴起等内容，虽然中间夹杂了诸多神话和迷信元素，但总体上尊重史实，情节曲折，故事生动，可读性较强，对农民起义领袖李自成进行了热情歌颂。不过，就像毛泽东所指出的：“此书赞美李自成个人品德，但贬抑其整个运动。”这表明李健侯作为旧式文人的思想局限性。后我国当代作家姚雪垠创作了 5 卷本长篇历史小说《李自成》，既主要参考了《永昌演义》，又是对后者的升华。

曹颖僧

〔中华民国时期，主籍。1888年—1962年〕

本名思聪，字颖生，成名后习惯用“曹颖僧”并广为人知，号“圁滨山人”，汉族，陕西怀远县响水堡人（属今陕西省榆林市横山区响水镇籍），民国时期陕北名士、陕北历史文化研究大家，著有《延绥揽胜》传世。出身书香门第，家学渊源深厚。其父曹子正（字端卿），为前清拔贡，为乡贤，名重一时。曹颖僧自幼才思敏捷，勤奋好学，先后入读私塾、怀远县高等小学堂。1906 年（光绪三十二年）考进陕北联合县立中学（榆林中学前身）就读。1909 年（宣统元年）进入西安师范学堂学习。1913 年毕业于西安师范学堂，适逢国民政府陕西省大都督府考选留日生，他以第十七名被录取，成为横山县历史上第一个留学生。就读于东京私立法政学校法律本修科，学习日语和日本文史，主攻政法专业。学成回国后，于 1918 年出任陕北联合县立中学学监，并专职讲授法制经济学。1920 年任陕北道视学。1922 年当选为民国陕西省议会第三届议员，出任陕西省政府参事。工作之余，继承其父未竟的修志事业，搜集整理陕北地方志资料文献。1927 年出任陕西定边县长。1929 年 4 月编纂完成了 4 卷 13 万字的《横山县志》。1931 年改任神木县县长，兼任陕北地方实业银行理事。次年任陕北工程委员会副委员长。1934 年任陕北赈务委员会主席暨《横山县志》编辑主任。1940 年应聘为国民党陆军第 86 师参事，兼任绥德师范各班政史地教员。之后，从官场退隐还乡，一心从事教育文化事业。1942 年至 1946 年，任绥德师范学校（1940 年至 1946 年校址在横山响水）历史专科主任教员，期间于 1945 年出版了其传世之作《延绥揽胜》一书。1953 年被聘为陕西省文史研究馆馆员，一度常住西安。之后耗时 6 年，于 1959 年编纂完成 13 卷、20 多万字的《西夏文史荟存》留世。1959 年再次被遣回故乡响水堡。晚年，清心寡欲，节俭持家，出门手提红柳筐拾粪、捡兰炭（燃烧过的煤渣，还有部分热量），一副老农的样子，完全看不出其早年曾经留洋过海、又当过地方政坛要员的经历。1962 年 3 月在家乡去世，享年 75 岁。本来他收集有大量宝贵藏书，惜后在“破四旧”中被付之一炬。

曹颖僧所著《延绥揽胜》，是一部研究陕北历史、地理、政治、经济、文化、民情风俗的价值非凡之书，可以说是陕北本土学者研究陕北历史文化的开山之作，也是扛鼎之作，在陕北文化史上占有一席之地。他也是新中国第一代西夏学研究者，有遗著《西夏文史荟存》存世，开陕北本土学者西夏学研究风气之先，史料价值值得重视。

李有源

〔中华民国、中华人民共和国时期，主籍。1903年—1955年〕

汉族，陕西葭州张家庄人（属今陕西省佳县佳芦镇张家庄村籍），农民，陕北民歌大师，因创作歌曲《东方红》而名闻天下。世为农家，其祖父和父亲都以租种土地、揽零工为生。李有源少时家贫，生计艰难，基本未上学读书，靠借读私塾和自学能识字读书。聪明好学，多才多艺，会画画、拉板胡、弹三弦、编民歌，尤其喜欢演唱民歌和秧歌，深得当地群众喜爱。成年后，以放羊维持生计。20世纪三四十年代，陕北"闹红"，他和家乡穷苦兄弟才真正翻身做了主人。因此，他打心眼里感激中国共产党，感激人民领袖毛泽东。1935年10月毛泽东率中共中央机关和中央红军到达陕北后，李有源对共产党、毛泽东的感情更深了，经常编写一些歌词来歌颂。全面抗日战争时期，他编了不少秧歌剧，如《捉特务》《种棉花》《小女孩放哨》等，在佳县城乡演出，很受群众欢迎。1942年5月毛泽东《在延安文艺座谈会上的讲话》发表后，李有源配合大生产运动，编出歌曲《毛泽东是咱好领导》《缴公粮歌》等。这一时期，他编了不少民歌，并在歌词中把毛泽东比作一盏明灯，但总觉得没有把自己对共产党和毛泽东的感情充分表达出来。1942年冬某日清晨，他挑粪担进城路上看到天地间喷薄欲出的太阳而获得灵感，采用陕北、晋西北一带民歌《骑白马》曲调，填词首创并演唱了歌曲《东方红》："东方红，太阳升，中国出了毛泽东，他为人民谋生存，他是人民大救星。"之后，他又与侄子李增正合作编写了三段词的《移民歌》（又名《毛泽东领导穷人翻身》），第一段即用了《东方红》这几句词，并将歌曲随移民队伍传唱到了延安，引起很大反响。1945年4月，中国共产党在延安召开第七次全国代表大会，作曲家贺绿汀依据李有源的《东方红》及《移民歌》改编成混声合唱《东方红》。1951年，李有源以《东方红》作者身份参加了绥德分区召开的首次文艺工作者代表会。会议期间，他应邀即兴编唱了《人民的江山万万岁》："人民高，人民贵，人民参加文代会。人民的意见最宝贵，人民的江山万万岁！"有力回应了一些人对他创作能力的质疑。1952年参加陕西省文艺创作代表会议，获得了奖旗、奖章和奖金，被誉为"人民歌手"称号。之后，他又编写了《人民拥护共产党》《打坝歌》等民歌。1955年，李有源因肝病去世，时年52岁。1975年，国家文化部为佳县划拨专款修葺了李有源墓，在所立墓碑上书："《东方红》作者李有源之墓。"2008年，李有源故居被陕西省人民政府公布为第五批陕西省文物保护单位。

郝树才

〔中华民国、中华人民共和国时期，主籍。1904年—1986年〕

汉族，陕西省清涧县人（属今清涧县石咀驿镇郝家崖沟村籍），后举家迁居于陕西省延长县交口镇谭石塬村，中国工农红军和八路军著名战斗英雄，陕甘宁边区“特等劳动英雄”。乳名来儿，出生于清涧县郝家崖沟村一个贫苦农民家庭。自父亲以上世居此村，数代为人揽工谋生。郝树才六七岁时，全家人外出逃荒，流落并落户于延长县谭石塬村。1935 年 8 月参加了刘志丹领导的陕北红军，被编入红二十五军二五零团机枪连，次年 6 月加入中国共产党。之后参加过劳山战役、榆林桥战役和直罗镇战役，以及 1937 年 9 月八路军抗击日寇的平型关大战等，先后 3 次负伤、4 次立特等功、1 次立大功、2 次被评为特等战斗英雄。因战斗功绩突出，被提拔为班长、排长等职。特别是 1940 年初在陕甘宁边区著名的“大生产运动”中，他创造了一天开荒 4.23 亩的全军最高纪录，被誉为“气死牛”。当地老百姓风趣地说：“两头牛也抵不上一个郝树才！”1943 年、1945 年两次获得“特等劳动英雄”的称号，两次出席陕甘宁边区劳动英雄代表大会，受到毛泽东、朱德总司令的接见。“气死牛”名号传遍了陕甘宁边区，从部队到地方都开展了“向郝树才学习”的活动。新中国成立后，担任甘肃省军区后勤部管理科科长。1954 年 11 月，经组织批准，从甘肃省军区后勤部科长岗位离职，自愿复员回乡务农，重新当起了农民，所得的 2000 多元复员费及残疾金全部捐献给了村集体。此后，他担任村党支部书记 20 余年，始终保持着共产党员艰苦奋斗的革命精神和与人民群众同甘共苦的本色。期间，曾当选第五届全国人大代表和陕西省人大常委会委员等，获得过多种荣誉。1986 年 5 月，82 岁的郝树才在延长县人代会期间因病去世，“不用花国家的钱”成为临终遗言。当初，他放弃部队单位相对优越的工作、生活条件，甘愿在功成名就之后解甲归田，与乡亲们生活在一起，到死也不愿给国家添半点麻烦，这很符合陕北人倔强自强的性格。他在“大生产运动”中用过的老镢头，被陈列于中国革命博物馆。

韩起祥

〔中华民国、中华人民共和国时期，主籍。1914年—1989年〕

汉族，盲人，陕西省横山县人（属今陕西省榆林市横山区党岔镇韩家园子村籍），我国现当代著名曲艺作家、说唱艺术家，陕北说书的里程碑式人物、一代宗师。出身贫苦，3 岁患天花失明，同年丧父。韩起祥兄妹 9 个有的外出揽工、有的被卖、有的出家当和尚，只剩下瞎眼的他、年幼的妹妹与母亲 3 人相依为命，靠母亲揽工推磨来勉强度日。9 岁时，自制三弦乐器弹唱，显露出对陕北说书艺术的喜爱。14 岁时，母亲变卖家里仅有的半亩瓜田，送他去米脂县杜家畔拜杜维新为师学艺说书，半年而成，并在佳县白云山陕北赛书会上拔得头筹，一举成名。从此开始说书卖唱生涯，流落在陕北、内蒙古一带。适逢谢子长、刘志丹在陕北领导"闹红"，他编唱了一些歌唱红军的说书段子。并对陕北说书进行改革，吸取了道情、戏曲、民歌、信天游、小调等演唱曲调，增加了小镲、"蚂蚱蚱"（麻喳喳）和醒木 3 样乐器，极大地丰富了陕北说书的表演形式，使这门古老的民间艺术变得生动和鲜活起来。毛泽东和中共中央到达延安后，韩起祥一心向往延安。1940 年，他联络了家乡 32 个穷人，冲破"国统区"，辗转来到延安，定居于延安县河庄区三乡张家窑子村，成为陕甘宁边区的一位盲人艺人，经常在延安东关街头卖唱，或去党政机关单位演唱。他不但说唱传统陕北说书词本，还自编自演了大量新词本，著名的有《刘巧团圆》《王丕勤走南路》《张玉兰参加选举会》等，热情讴歌陕甘宁边区的新人新事新风尚。1946 年 8 月，他来到延安杨家岭说书给毛泽东听，毛泽东称赞他为"三弦战士"。之后，又编写了《西北时事传》《王贵与李香香》《刘景开送军鞋》等多部说书词本。新中国成立后，1953 年毛泽东在接见参加第二届全国文代会代表时，点名要韩起祥即兴现场现编说书，他一曲弹唱技惊四座，被毛泽东赞为"天才的说书艺术家"。1955年加入中国共产党，担任中国曲艺家协会第一副主席，名字排在相声大师侯宝林之前，是当时民间艺术界乃至文艺界的一面旗帜。"文化大革命"中不甘蒙难受辱，一夜消失，隐身于无定河边的小村杨家庄，十年未闻其声。改革开放后复出，历任第五、六届全国政协委员等职，创作的说书词本多次在陕西省和全国获奖。1989 年 8 月 6 日，在延安因胃癌病逝。悼词称其为"我国著名的曲艺作家、说唱艺术家、革命的三弦战士"。

韩起祥 75 载的人生之旅充满传奇色彩，经历了苦难艰辛和辉煌荣耀，从一个沿街乞讨的盲艺人，成为新文艺运动的一代典范。他曾立誓："我要为八亿农民编写，为八亿农民演唱，誓为农民说唱一辈子，死而后已。"他说到做到，几十年如一日，坚持深入农村，为人民群众编新书、说新书，留下了大量脍炙人口的经典陕北说书作品，也为曲艺界树立了榜样。他会说 100 多部传统书，会弹 170 种民歌小调，创作了 572 部（篇）约 260 万字的新书词本，都已被录音、记载、印刷出版。代表作有《刘巧团圆》《翻身记》《宜川大胜利》《我给毛泽东去说书》等。其中，最长的词本《翻身记（大）》〔还有简本《翻身记（小）》〕属自传体说书词本，反映的是他本人从小到大的苦难历程，能说 6 个小时，极富感染力。

马健翎

〔中华民国、中华人民共和国时期，主籍。1907年—1965年〕

名飞雕，字健翎，陕西省米脂县城人（属今陕西省米脂县籍），我国民族戏曲艺术的先驱、著名剧作家，以创作革命现代剧著称，是毛泽东倡导的“新秦腔”的忠实践行者，陕西省戏曲研究院首任院长。出身贫民家庭。1924 年考入榆林中学，1928 年榆林中学毕业后，在米脂县小学教书，同年加入中国共产党。后求学于北京大学哲学系，1935 年肄业。1937 年在延安师范学校任教，同时组织延安乡土剧团，自己兼任编剧和导演，创作演出抗日内容的话剧《中国的拳头》《上海小同胞》和秦腔《一条路》、京剧《逃难图》等作品。1938 年，在毛泽东的亲自指示下，他与柯仲平共同筹建陕甘宁边区民众剧团（陕西省戏曲研究院前身）。毛泽东亲切地称他“美髯公”（马健翎蓄着大胡子），还替他改过戏名——将《国魂》改为《中国魂》。1943 年创作了闻名全国的大型秦腔现代戏《血泪仇》。1944 年 11 月被陕甘宁边区政府授予“特等奖状”和“人民群众的艺术家”称号。1947 年编写了秦腔现代戏《穷人恨》。1938 年至 1948 年，经他编写、改编的戏曲作品，还有《打渔杀家》《葫芦峪》《王佐断臂》等 20 多部革命现代戏。新中国成立后，历任西北军政委员会文化部副部长、中国戏剧家协会陕西分会主席、中国作家协会西安分会主席、陕西省戏曲剧院院长等职务。在三秦大地受“左”倾路线支配的社会主义教育运动中，马健翎身心受到严重摧残，于 1965 年 10 月 18 日在西安含冤自杀身亡，终年 58 岁。临终前一周，在《陕西日报》的顶端用铅笔写下“实事求是”4 个大字。1980 年 4 月 7 日，中共陕西省委在西安为马健翎昭雪平反，并隆重举行了马健翎骨灰安放仪式。

马健翎是中华民族戏曲艺术的开拓者，一生致力于陕西地方戏曲（秦腔、眉户剧等）的改革与发展，既改造传统戏推陈出新、古为今用，又开辟以戏曲形式反映现实生活的先河，驰骋剧坛，深孚众望，创作、改编传统戏、现代戏 60 余部，并著有《马健翎现代戏曲选集》。可以说，他创造了秦腔戏剧的辉煌。其中，《血泪仇》《游龟山》《十二把镰刀》《赵氏孤儿》《游西湖》《窦娥冤》《大家喜欢》等剧目，已成为秦腔经典作品，至今仍盛演不衰。他又是一个能写、能导、能演、能拉、能敲的难得的戏剧多面手，其许多剧作都是自己导演，或亲自参加演出的。在任陕西省戏曲研究院院长期间，他身兼管理者、剧作者的双重重任，广揽戏曲艺术人才，重视新生力量的培养，不仅为陕西省戏曲研究院的可持续发展奠定了坚实基础，更为秦腔事业留下了宝贵的精神遗产，为民族戏曲艺术的发展壮大做出了卓著贡献，成就了中国戏剧现代发展史上光辉灿烂的篇章。

马健翎雕像，位于今陕西省戏曲研究院院内。由陕西省雕塑院设计完成，高 2.8 米，为铜质结构，暗红色花岗岩底座。这位“美髯公”身披大衣，拄着拐杖，沉思着凝视远方。雕像正面镌刻的“人民艺术家马健翎”8 个金色大字格外庄重。

慕生忠

〔中华民国、中华人民共和国时期，主籍。1910年—1994年〕

汉族，陕西省吴堡县寇家塬镇慕家塬村人，早年参加革命，1955 年被授予少将军衔，被誉“青藏公路之父”“格尔木市奠基人”，群众又称其“天路将军”。出身破落地主家庭，1930 年参加革命，1933 年加入中国共产党。1934 年化名艾拯民，拉起了一支几十人的小游击队，开始创建根据地的斗争，人称“艾大胆”。土地革命战争时期，任陕北红军五支队政治委员，红五团政治委员兼中共吴堡县委军事部部长，红二十五纵队政治委员，陕甘晋省委委员，中共陕北省委委员兼白区工作部部长，中共吴堡县委书记，陕北红军第二作战分区司令员，吴堡中心县委书记等职。抗日战争时期，任中共延安以东地区作战司令员、山陕特委军事部参谋长、洛川地委宣传部长、鄜甘独立营政治委员。解放战争时期，任中共晋绥军区第四军分区副政治委员、第九军分区司令员。1948 年任中共山西河津县委书记。1949 年任第一野战军民运部部长、政治部秘书长。新中国成立后，任西北铁路干线工程局政治部主任，西北军区进藏部队政治委员，中共西藏工委常委兼组织部部长。1953 年春夏之际，中央政府委托西北局组建了西藏运输总队，慕生忠兼任总队政治委员；同年 10 月，他领导在茫茫高原上正式成立西藏运输总队格尔木站。两次为西藏搞物资运输的艰难经历，让他萌生一个大胆想法——修一条青藏公路。在周恩来和彭德怀的关心支持下，自 1954 年 5 月开始，他率领两千多名官兵，克服种种难以想象的困难，平均每修通约 1 千米就有 1 名战士或工人牺牲，切断 25 座横亘的雪山，用 7 个月零 4 天建成了第一条青藏公路，也是世界上海拔最高的公路。1955 年任原兰州军区后勤部政治委员。1959 年庐山会议后，他作为“彭德怀的黑干将”受到批判和迫害，被撤销领导职务，“消失”了 20 年，大部分时间是住“牛棚”和蜗居家中，过着与世隔绝的生活。1979 年得以平反。随后担任原兰州军区后勤部政委、甘肃省第四届政协副主席等职。1994 年 10 月 19 日在兰州病逝。他一生最后的心愿，是长眠于昆仑山上，永远守望着青藏公路。老将军生前心心念念的青藏铁路梦，最终于 2006 年 7 月 1 日实现。

格尔木将军楼公园，位于青海省海西蒙古族藏族自治州格尔木市，以慕生忠将军生前居住过的“将军楼”为主体兴建而成。高大的花岗岩雕塑坐落在“将军楼”前方，慕生忠将军身着戎装军大衣，手拿一把铁锹，伫立在那里，目光坚毅，凝视远方。公园内辟有“慕生忠将军纪念馆”，现为党员、干部廉政教育基地。

高景德

〔中华人民共和国时期，主籍。1922年—1996年〕

汉族，陕西省佳县神泉堡村人（属今佳县佳芦镇神泉村籍），我国著名电机工程专家、杰出教育家、中国科学院院士、清华大学著名的原校长。出身财主家庭，家境富裕。其父高继荣是当地知名乡绅，建有一个很大的窑洞庄园，二三十孔青砖窑洞占据了神泉堡大半个村子。高景德 1935 年夏考入榆林中学，1939 年夏转学至陕西武功西北农学院附属高中。1941 年保送到西北工学院电机系读书。1945 年毕业进入西安西京发电厂工作。1947 年应邀到北京大学工学院任教，次年加入中国共产党。1951 年作为首批赴苏留学生，在列宁格勒加里宁工学院电机系学习。1956 年被越级授予苏联技术科学博士学位，成为我国第一位苏联博士学位获得者。回国后，在清华大学电机系任教授，是唯一跨两个专业的博士生导师。在教学的同时，先后任校党委常委、科学生产处长，第三届全国人大代表等。“文化大革命”期间受到迫害。1978 年起，任清华大学副校长、校党委委员，兼任科研处处长、研究生处处长等职。1983 年 5 月至 1988 年 10 月，任清华大学校长、校务委员会主任、学位委员会主席。在校领导岗位的 10 年中，他充分发挥才干，贡献出全部智慧和心血，为推动清华大学的发展，做出了杰出贡献。特别是围绕把清华大学建成培养以工科为主，包括理科、文科和管理学科的高质量人才的综合性大学的目标，大刀阔斧地进行了一系列教育教学改革。至 1990 年代初，清华大学授予博士学位人数超过 1700 名，在校博士生达到 2000 人，居全国高校首位。又在北京市人民政府的支持下，新征购土地 650 亩，使清华园校区扩大至 4000 亩，为学校在 1990 年代及以后的长远发展奠定了基础。

高景德既是一位杰出的教育家，在治学治教方面功绩卓著；也是一位大师级科学家，在科学研究领域成就斐然。他于 1985 年当选为国际电气与电子工程师学会的特级会员，并被载入国外出版的国际名人录中。又先后获得国际电气与电子工程师学会的一百周年奖、国家自然科学二等奖、国家教委科技进步一等奖、香港柏宁顿教育基金会（中国）第二届孺子牛金球奖中的最高奖——杰出奖（1996 年）、北京市教学成果一等奖等。曾任民盟中央第五、六、七届常委，第三届全国人大代表，全国政协第七届委员会委员及第八届常委，国务院学位委员会第一、二届委员等，以及《电工技术学报》《电工技术杂志》编辑委员会主任委员，《中国科学》《科学通报》副主编，国家攀登计划“现代电能系统运行与控制的新理论与新技术”项目首席科学家等职。高哉巨匠，陕北骄傲！

佳县神泉堡革命纪念馆，也称神泉堡中共中央驻地旧址，位于佳县县城西 7.5 千米处的佳芦镇神泉村。原为高景德父高继荣的窑洞庄园。1947 年 9 月，毛泽东、周恩来、任弼时等老一辈革命家率领中共中央机关转战陕北，在佳县生活和战斗了 100 个日夜，期间仅在神泉堡此庄园就住了 57 天。

柳　青

〔中华民国、中华人民共和国时期，主籍。1916年—1978年〕

原名刘蕴华，笔名柳青，汉族，陕西省吴堡县张家山乡寺沟村人，中国当代著名小说家、现实主义文学的杰出代表，一个影响了几代人的文学巨匠。出身农家，早年从事革命活动，1928 年加入中国共产主义青年团，1934 年夏考入西安高中。1935 年冬第一次用笔名“柳青”发表散文《待车》。1936 年加入中国共产党。1937 年 2 月考入北平大学，同年底奔赴延安。全面抗日战争期间，先后在华北、延安根据地工作，发表《地雷》《三垧地的买主》等小说、报告文学多篇。抗战胜利后，任大连大众书店主编。1947 年 5 月，其第一部长篇小说《种谷记》由大连光华书店出版。解放战争后期，又辗转回陕北深入基层工作和生活。新中国成立初期，任《中国青年报》编委、文艺部主任。1951 年 9 月，其长篇小说《铜墙铁壁》由人民文学出版社出版，同年冬访问苏联。1952 年任陕西省长安县（今西安市长安区）县委副书记，并于次年在长安县皇甫村落户，前后计 14 年。期间一边参加生产劳动，一边潜心创作长篇小说《创业史》。1960 年 5 月《创业史》第一部由中国青年出版社出版，稿费全部捐献给了王曲公社和皇甫村。“文化大革命”期间，遭受残酷迫害，被迫停止工作十年之久，其妻马崴被迫害跳井自杀。1977 年 9 月陕西人民出版社出版《创业史》第一部、第二部。历任第四、第五届全国政协委员，全国文联委员，中国作家协会理事，中国作家协会西安分会副主席、政协陕西省委员会副主席等职。1978 年 6 月 13 日，在北京因肺病去世，终年 62 岁。

柳青一贯深入基层生活，几十年如一日生活在农民中间，有着丰厚的生活积淀，发表的小说数量众多，大都以农村生活为题材。尤以代表作《创业史》家喻户晓。惜因“文化大革命”耽搁，这部原计划写四部的巨著只完成了前两部，引为憾事。《创业史》一书在 20 世纪五六十年代文学中享有很高地位，是新中国成立后社会主义题材创作的优秀成果之一，是中国现代文学史上的精品佳作，被译成英、日、德、西班牙等多种文字，享誉国际文坛。中国当代文学史有“三红一创”之说，指的便是《红旗谱》《红岩》《红日》和《创业史》这 4 部公认的红色经典。柳青以作品魅力和人格魅力，在陕西人心中竖起一座丰碑。陕西现当代多位作家都深受柳青作品影响，如陈忠实、路遥、贾平凹、邹志安、京夫等作家都曾经将柳青作为文学膜拜的对象，很多人的创作都是从模仿柳青开始的。可以说，柳青为当代陕西文学夯实了基础。

柳青故居，位于陕西省吴堡县城北 40 千米的寺沟村。此处为柳青的籍贯地、出生地和童年生长之地。小院青砖大门有联云：“心田种德心常泰，福地安居福自多。”2014 年，当地政府在原址上建立了柳青纪念馆，供人参观缅怀。

另有柳青广场，位于陕西省西安市长安区何家营村东神禾塬北坡上，建成于 2006 年。

路 遥

〔中华人民共和国时期，主籍。1949年—1992年〕

原名王卫国（也用过王维国、王路遥），汉族，陕西省清涧县王家堡村人（属今清涧县石咀驿镇王家堡村籍），当代著名作家、茅盾文学奖获得者，代表作有《平凡的世界》《人生》等，全部作品收集于《路遥文集》五卷。出身贫苦农民家庭，父亲是一个身高1.5米左右的驼背农民，母亲生了9个孩子，活下来8个。卫国8岁时被过继给延川县城关镇农村的大伯。在延川县读完小学和初中。1968年9月，作为群众代表被任命为延川县革命委员会副主任；仅1个月后，就因之前参加过“武斗”而被免职。1969年回村当了民办教师，并开始文学创作。1970年，在陕北诗人曹谷溪的赏识和帮助下，王卫国被临时抽调到延川县革命委员会“毛泽东文艺宣传队”从事文艺创作工作，期间在延川县文化馆编辑的油印小报《延川文化》上发表了诗作《车过南京桥》，第一次使用“路遥”笔名。1973年7月在《延河》文学刊物上公开发表第一篇短篇小说《优胜红旗》，同年秋以工农兵学员身份进入延安大学中文系读书。1976年大学毕业后，先后在《陕西文艺》（不久后恢复原名《延河》）编辑部工作。20世纪70年代中期以后，发表了一些影响较大的作品，如中篇小说《惊心动魄的一幕》（1980年发表，次年获第一届全国优秀中篇小说奖），《人生》（1982年发表，次年获第二届全国优秀中篇小说奖，1984年被改编成同名电影，名噪一时），《在困难的日子里》（1982年发表，获当年《当代》文学中长篇小说奖）等。1982年加入中国作家协会，开始专职创作。1986年推出长篇小说《平凡的世界》第一部，次年完成第二部。这时他已沉疴在身，但仍坚持带病创作，于1988年5月完成《平凡的世界》第三部创作，同年被授予“陕西省劳动模范”称号。1991年《平凡的世界》获得第三届茅盾文学奖。1992年11月，因肝病英年早逝，年仅43岁。多年来，《平凡的世界》始终在大学生阅读、长篇小说再版中排名第一，销量早已过百万册，无数人通过他的作品而获得人生激励。2018年12月18日，在庆祝改革开放40周年大会上，路遥被中共中央、国务院授予“改革先锋”称号（共100名），誉为“鼓舞亿万农村青年投身改革开放的优秀作家”。

路遥墓，位于延安大学校园背靠的文汇山。墓用石块砌成，朴实而坚固。在墓的正前方有路遥半身汉白玉石雕塑，神情平静而坚毅，立于2006年4月。墓后有一面高大的石壁，上面镶嵌着一尊孺子牛的浮雕和路遥“像牛一样劳动，像土地一样奉献”的名言。墓地四周栽种有枣树、松树，其中有两棵路遥生前喜欢的白皮松。

另有延安大学路遥文学纪念馆，位于路遥的母校延安大学校园内。清涧路遥纪念馆，位于路遥的籍贯地——陕西省清涧县石咀驿镇王家堡村。延川路遥故居，位于路遥青少年时期生活、成长、学习之地——陕西省延川县大禹街道办事处郭家沟村。

牛玉琴

〔中华人民共和国时期，主籍，1949年—〕

女，汉族，陕西省榆林市靖边县东坑镇金鸡沙村农民，全国著名的“治沙女杰”。出生于定边县郝滩乡一个贫苦农民家庭（娘家），1967年嫁到靖边县东坑镇金鸡沙村。自1985年起，与丈夫张家旺以家庭承包形式承包了村里偏远的万亩荒沙地——“一卜树”，在毛乌素沙漠南沿沙区种草种树、治沙绿化。30多年来，她带领一家三代7口人含辛茹苦，以绝不低头的毅力和常人难以忍受的艰辛，矢志不渝地同黄沙作斗争，先后自垫资金800多万元、贷款200多万元，仅靠一家人的双手就种树2700万棵，把3.8万亩茫茫荒沙治理成林草覆盖率达80%的绿色家园，并开发出农耕地数百亩。在她的带动影响下，周围1904户家庭治沙种树2000多万株，将11万亩荒沙变成了绿洲，植被覆盖度达40%以上，将风沙逼退10多千米，实现了流动沙丘基本固定或半固定，有效降低了风沙危害，治理区的生态环境得到明显改善，为当地农牧业的发展创造了有利的环境条件。这片在陕西北部、毛乌素沙漠南沿地区开辟出的绿洲，成为国内外著名的治沙典范区，得到国家及有关国际组织的高度关注和重视。1988年起，她先后当选为陕西省第七届、九届、十届人大代表。1993年，联合国粮农组织授予牛玉琴“拉奥博士奖”，联合国开发计划署还将牛玉琴的治沙奇迹拍摄成专辑电视片在公共电视网中播放，向世界各国推广介绍。1996年，她应联合国防治荒漠公约组织邀请，登上了庄严的联合国讲坛。1998年起，先后当选为第九届、十届全国人大代表。先后获得中国十大女杰、全国三八红旗手、全国劳动模范、全国优秀共产党员、联合国“拉奥博士奖”等86项国际、国内及陕西省、榆林市级表彰奖励，其中仅国家级荣誉称号就有20多项，先后受到党和国家领导人的多次接见。其事迹也受到媒体的广泛关注：1990年初，中央电视台和陕西电视台播出了以她为原型的8集电视连续剧《大漠生死情》。1995年，以她为原型的上、下集电视剧《牛玉琴和她的树》播出，著名演员萨日娜出任主演，本剧获第16届飞天奖短篇电视剧一等奖。1998年，西安电影制片厂拍摄了以她为原型的电影《一棵树》，获得好评如潮。2014年，榆林市戏曲研究院创排了以她为原型的大型现代眉户剧《大漠红柳》，并在第七届陕西省艺术节上斩获大奖，引起强烈反响。

牛玉琴事迹是榆林治沙世界性奇迹、人类征服毛乌素沙漠的一个缩影和象征。她说过的话“憋死骡子挣死马，也要把万亩荒沙全绿化！”“只要人活着，树苗就死不下！”“借我一片荒沙，还你一片绿洲”等，将激励一代又一代陕北人民勇于挑战恶劣的自然生存环境，通过自力更生、艰苦奋斗过上好日子。

|后　记|

《陕北历史文化名人堂》（以下简称“名人堂”）一书是笔者编著的大型图书——“简明陕北历史文化丛书”的一个副产品。丛书计划分7部，分别为《大陕北人文》《大陕北战事》《大陕北胜迹》《大陕北艺文》《大陕北民俗》《大陕北非遗》《大陕北名产》，分两期完成编著和出版工作。第一期公开出版《大陕北人文》《大陕北战事》《大陕北胜迹》《大陕北艺文》4部11卷，文字计约600万字，参考了数千本（篇）文献资料或文章，并有近千张专门收集或委托制作的反映陕北历史人文、自然地理、民风民俗等的各类示意图、方框图和绘画、摄影作品。

其中，《大陕北人文》（著）为4卷本：第1卷覆盖时段为先秦至南北朝；第2卷为隋代至元代；第3卷为明代；第4卷为清代至中华人民共和国时期。主要讲述陕北历史上影响较大的人物（包括主籍和客籍）事迹、神话传说、重要事件、文化成就等历史人文故事。坚持以人民为中心的发展思想，注重为突出体现陕北历史文化特点和陕北人性格特征的“凡人小事”，以及反映陕北自然风貌和民俗民风的“地方特色”立传。

《大陕北战事》（著）为2卷本：第1卷覆盖时段为先秦至元代；第2卷为明代至中华民国时期。主要讲述陕北历史上发生的重要战事，兼及历代陕北地方行政和军事设置、兵制等。战事选取的主要依据是《陕西省军事志·陕西历代战争年表》。

《大陕北胜迹》（编著）为3卷本：第1卷为历史人文篇（一）：先秦至元代；第2卷为历史人文篇（二）：明代至中华人民共和国时期；第3卷为自然景观篇、革命遗址篇。主要讲述陕北历史上的著名遗址遗迹、名胜景观和不可移动文物等。

《大陕北艺文》（编著）为2卷本：第1卷为诗词歌赋篇；第2卷为名言、名文、碑刻、楹联、民间文艺篇。主要精选了陕北历史上的诗词歌赋和著名言论、文章、碑刻和楹联，以及陕北民间文艺故事等，并作了简要注释。

本丛书的《大陕北人文》4卷中，涉及陕北历史文化名人数百位，大致按照地方志书的体例，对他们的生平事迹作了简要传记。笔者从中精选了78位历史文化人物的简介，其中主籍（籍贯为陕北人）49位，客籍（外地人在陕北）29位，单独编纂成册，题为《陕北历史文化名人堂》。这78人物的选取，坚持唯物史观和以人民为中心的发展思想，既参考其在历史上的成就和影响大小，也兼顾各行各业各领域的特殊性和代表性，并无统一和固定的选取标准。因此，可能会引起该选谁、又不该选谁的一些争议。希望读者以包容和理性的心态看待。

“名人堂”同时以展板的形式（有条件的配以视频等多媒体形式），在陕北各地开办数十家长久性展示厅（馆、场）。展示活动以公益捐赠方式进行，渐次推进。首批开办的“名人堂”展示厅已达6家：包括延安大学、榆林学院、榆林图书馆、横山中学、子长市高柏山黄帝陵风景区、延安仙鹤岭生命纪念园。展板实物制作成本的捐助者包括：延安市企业人士宣永红、成媛媛（陕西省延安市宝塔区籍）夫妇捐助了延安大学和延安仙鹤岭生命纪念园2家“名人堂”，榆林市企业人士李涛（陕西省榆林市榆阳区籍）先生捐助了榆林图书馆“名人堂”，榆林市企业人士高仲胜（陕西省榆林市横山区籍）先生捐助了榆林图书馆的“名人堂”，刘文海（陕西省榆林市横山区籍）博士捐助了横山中学的“名人堂”，国家能源集团高学斌（陕西省延安市子长市籍）先生捐助了子长市高柏山黄帝陵风景区的“名人堂”。谨表谢忱！

感谢西安美术学院教师、青年画家张喆先生绘画了全部78位陕北历史文化名人的肖像画。绘画历史人物是一项难度很大的工作，笔者认为他做得很出色。同时感谢西安美术学院教师、青年画家高海平（陕西省榆林市横山区籍）先生对张喆的引荐。

感谢陕西省书法家协会主席、中国书法家协会理事、中书协女书法家委员会副主任、著名书法家、长安大学教授张红春女士，中央纪委驻司法部纪检组原组长、司法部原党组成员、著名书法家韩亨林先生，国务院参事室原参事、国务院研究室原司长、著名作家、书法家忽培元先生，延安鲁艺书画院院长、延安市人大常委会原党组副书记、副主任白崇贵先生，延安大学政法与公共管理学院教授、陕西省决策咨询委员会委员、延安大学原副校长、西安培华学院原党委书记胡俊生先生，陕西省决策咨询委员会委员、榆林市决策咨询委员会主任、榆林市委原一级巡视员苗丰先生，延安市政协委员、延安仙鹤岭生命纪念园董事长宣永红先生，为本书题写书名。

感谢当代中国出版社人文与史志编辑部副主任（主持工作）战盈彤女士为本书组稿、编审、发行等出版工作所付出的艰辛努力。感谢重庆出版集团《农家科技》杂志社钟必攀先生为本书所做的排版工作。

感谢我的妻子李艺和儿子刘一璞对我研究工作的理解与支持。

特别致敬：热爱陕北历史文化的企业界有识之士李涛（陕西省榆林市榆阳区籍）先生以订购部分书籍作公益捐赠的方式支持了本书的出版！

传承文脉，代不乏人；生而有涯，唯德不朽！

刘文海

2024 年 8 月

敬请关注《陕北历史文化名人堂》微信公众号，看图文，听音频！